In Kooperation mit der
Münchner Volkshochschule

SPRACHEN LERNEN IM ALTER

Leitfaden für Sprachkursleiterinnen und Sprachkursleiter

Hueber Verlag

Autorinnen

Martine Delaud, Studium Lehramt Französisch, Universität Nizza. Seit 1982 Kursleiterin und Dozentin, seit 1987 Autorin von Lehrwerken für Gymnasien und die Erwachsenenbildung, seit 1993 Kursleiterin an der VHS München im Seniorenbildungsprogramm

Alison Demmer, Studium Moderne und Mittelalterliche Sprachen, University of Cambridge. Seit dem Erwerb der CELTA 2006 Kursleiterin an der VHS München im Seniorenbildungsprogramm

Lucía Juárez Marcos, Studium der Betriebswirtschaftslehre in Bilbao, Wissenschaftliche Assistentin an der Universität von Alcalá de Henares. Über 10 Jahre Spanischdozentin an der VHS Murnau. Trainerin für Sprachdozenten im Bayerischen Volkshochschulverband (EUROLTA) und an der VHS München, Autorin von Lehrerhandbüchern und diversen Print-/Digitalmaterialien

Dr. Maria Vicinanza-Ott, Studium der Philosophie, Geschichte und italienischen Literatur in Neapel und München. Wissenschaftliche Mitarbeit an den Universitäten Neapel, Matera und Regensburg, seit 2000 Kursleiterin an der VHS München im Seniorenbildungsprogramm

Projektleitung und redaktionelle Gesamtkoordination: Andrea Faragó, VHS München

Mitwirkung: Melanie Albrecht, Giovanna Rizzo, Hueber Verlag

3. 2. 1. | Die letzten Ziffern
2016 15 14 13 12 | bezeichnen Zahl und Jahr des Druckes.
Alle Drucke dieser Auflage können, da unverändert,
nebeneinander benutzt werden.
1. Auflage
© 2012 Hueber Verlag GmbH & Co. KG, 85737 Ismaning, Deutschland
© 2012 Münchner Volkshochschule GmbH, 80337 München, Deutschland
Redaktion: Kerstin Zülsdorf, Hueber Verlag, Ismaning
Umschlaggestaltung: creative partners gmbh, München
Layout und Satz: Sieveking, München
Druck und Bindung: Auer Buch + Medien GmbH, Donauwörth
Printed in Germany
ISBN 978-3-19-909588-0

VORWORT

„Jeder Europäer soll eine weitere europäische Sprache lernen, die er adoptiert, wie man ein Kind adoptiert: Man freundet sich mit ihr an, man pflegt sie, man bleibt ihr ein Leben lang treu, man versucht sie zu verstehen." Für den Sprachwissenschaftler Jürgen Trabant geht es in dieser Empfehlung nicht allein um das praktische Erfordernis internationaler Kommunikation, sondern darum, sich auf das Fremde einzulassen, das Andere zu denken, sich mit ihm zu befreunden. Diese Empfehlung gilt für Jung und Alt gleichermaßen und gerade der Ruhestand eröffnet für viele die Gelegenheit, eine neue Freundschaft mit einer fremden Sprache zu beginnen.

Mit einem ebenso umfangreichen wie differenzierten Angebot von über 50 Fremdsprachen ist die Münchner Volkshochschule die größte Sprachenschule der Stadt. Hier begegnen sich Menschen aus allen Ländern der Welt. Dabei bietet sie mit Unterricht auf allen Kenntnisstufen, mit hochqualifizierten, meist muttersprachlichen Lehrkräften und einem System von international anerkannten Sprachprüfungen allen Bürgerinnen und Bürgern unabhängig von ihren Vorkenntnissen ideale Voraussetzungen für das individuelle Sprachenlernen.
In jährlich über 300 Sprachkursen kann man in unserer Senioren Volkshochschule Englisch, Französisch, Italienisch, Spanisch, aber auch Altgriechisch und Latein mit Gleichgesinnten lernen und neue Sprach-Horizonte entdecken.

Eine Fremdsprache neu zu erlernen oder eine erlernte Sprache wieder aufzufrischen, erfreut sich gerade bei älteren Menschen in der nachberuflichen Phase großer Beliebtheit: endlich Zeit, zu reisen und andere Länder und Kulturen zu entdecken. Der Ruhestand ist der ideale Zeitraum, den lang gehegten Wunsch, eine bestimmte Sprache zu erlernen, zu verwirklichen. Das Sprachenlernen hat zudem einen sehr wertvollen Nebeneffekt: Wer mindestens zwei Sprachen beherrscht, bleibt mental länger fit.

Dabei sind die Sprachkurse der Senioren Volkshochschule vor allem für jene gedacht, die eine Fremdsprache mit Gleichgesinnten ohne großen Zeit- und Leistungsdruck lernen möchten. Die älteren Teilnehmer/-innen haben mehr Zeit zu lernen, das Lerntempo und die Inhalte werden an ihren Bedürfnissen und Vorstellungen ausgerichtet.

Alle Sprachkursleiterinnen und -kursleiter der Münchner Volkshochschule haben neben ihren fachlichen Qualifikationen bereits eine hohe didaktische und methodische Kompetenz in der Gestaltung des Unterrichts mit Erwachsenen. Für Neueinsteiger in der Sprachenbildung mit Seniorinnen und Senioren und für alle, die sich mit den Konsequenzen einer aufgrund des demografischen Wandels immer älter werdenden Teilnehmer/-innenschaft befassen möchten, bietet dieser Leitfaden eine praktische Hilfestellung in allen Fragen der Didaktik und Methodik.

Ich bedanke mich herzlich bei allen Autorinnen und dem Hueber Verlag für die gute Zusammenarbeit und die Erstellung dieses nützlichen Leitfadens.

Dr. Susanne May
Programmdirektorin der Münchner Volkshochschule

GELEITWORT

„Jeder, der aufhört zu lernen, ist alt,
mag er zwanzig oder achtzig Jahre zählen.
Jeder, der weiterlernt, ist jung,
mag er achtzig oder zwanzig Jahre zählen."
(Henry Ford I.)

Immer mehr ältere Menschen entscheiden sich aus den unterschiedlichsten Gründen, nach dem Berufsleben Seminare an den Volkshochschulen des Landes zu besuchen. Im Jahre 2010 waren 37,5% aller Volkshochschul-Kursteilnehmer/-innen über 50 Jahre alt, 13,8% der Hörerschaft waren über 65 Jahre.
Die demographische Entwicklung und die allgemeine Überalterung der Gesellschaft lassen vermuten, dass die Anzahl der sogenannten Seniorenkurse immer weiter ansteigen wird. Das Erlernen einer Fremdsprache nimmt dabei mit insgesamt 41,3% den größten Platz ein und dürfte in Zeiten der Globalisierung ebenfalls eine immer größere Rolle spielen.[1]

Gerade der Besuch eines Sprachkurses bietet neben den allgemeinen Vorteilen des Lernens im Alter einen enormen zusätzlichen Vorteil: Das Vorhandensein von mehr als nur der Muttersprache im Gehirn schützt vor Alzheimer und verzögert erste Symptome von Vergesslichkeit um mehr als fünf Jahre. Diese Vorteile zeigen sich vor allem bei Bilingualen, aber auch das späte Sprachenlernen steigert die geistige Flexibilität mehr als jedes andere Fach, da der Einsatz einer Fremdsprache das gesamte Gehirn in Aktivität versetzt.[2]

Leider schwirrt bei vielen Menschen noch die Vorstellung „Was Hänschen nicht lernt, lernt Hans nimmer mehr" im Kopf herum. Dieses sogenannte Defizitmodell des Alterns, in dem Altern mit Fähigkeitsverlust gleichgesetzt wird, ist jedoch empirisch widerlegt.

Der Alterungsprozess lässt sich nicht wegdiskutieren, aber vieles spricht dafür, dass Hans oft besser lernt als Hänschen. An die Stelle des Defizitmodells ist heute das sogenannte Kompetenzmodell des Alters getreten. Dies besagt, dass jeder Mensch sehr individuell altert und der Alterungsprozess die Ab-, aber auch die Zunahme mancher Funktionen beinhaltet. Welche Funktionen sind das? Die Geschwindigkeit der Informationsaufnahme und -verarbeitung (fluide Intelligenz), das Hör- und Sehvermögen sowie die Risikobereitschaft lassen nach, damit nimmt jedoch die Lernfähigkeit an sich nicht ab.[3] Gleich gute oder auch bessere Leistungen erzielen

1 Vgl. Huntemann, H./Reichart, E. (2011): Volkshochschul-Statistik 2010. 49. Folge, Arbeitsjahr 2010

2 Vgl. Craik FIM/Bialystok E./Freedman M. (2010): „Delaying the onset of Alzheimer disease: Bilingualism as a form of cognitive reserve". Neurology 75, S.19

3 Vgl. Ross, A.J. / Sachdev, P.S. / Wen, W. / Valenzuela, M.J. / Brodaty, H. (2005): „Cognitive correlates of H MRS measures in the healthy elderly brain". In: Brain Research Bulletin 66, S. 9–16

ältere Lernende, wenn man ihnen ausreichend Zeit zur Verfügung stellt, den Unterricht gut strukturiert, für gute Lichtverhältnisse und eine gute Akustik sorgt.

Ausgeglichen wird die geringe Verarbeitungsgeschwindigkeit oft durch ein größeres Welt- und Erfahrungswissen, das Wissen um Problemlösungsstrategien, zuverlässiges und sehr zielstrebiges Lernen sowie zunehmende Genauigkeit (kristalline Intelligenz).

Gerade beim Fremdsprachenlernen spielen Bildungsstand, Motivation und die Anzahl bereits erworbener Fremdsprachen eine größere Rolle als das Alter.[4] Ferner ist gerade bei Lernenden über 60 Jahren die Sprachlernerfahrung ausschlaggebend für den Lernerfolg und die Akzeptanz unterschiedlicher Unterrichtsmethoden.[5]

Vorliegender Leitfaden bietet nun Lehrenden sowohl Hintergrundinformationen über die Zielgruppe „ältere Lernende" als auch sehr viele hilfreiche Tipps für das konkrete Unterrichtsgeschehen. Relevante Faktoren wie u. a. Motivation, Lernbiographie und Gruppendynamik, aber auch die Rolle der Kursleitenden und die Gestaltung des Unterrichts werden anschaulich dargelegt. Der Leitfaden entstand in der Praxis für die Praxis.

PD. Dr. habil. Marion Grein, Johannes Gutenberg-Universität, Mainz

---

4   Vgl. Raz, N. (2009): „Decline and Compensation in Aging Brain and Cognition: Promises and Constraints".
In: Neuropsychol. Rev., S. 411–414.; Obler, L. K. et al. (2010): „Bilateral brain regions associated with naming in older alder adults". Brain & Language, S. 113–123

5   Vgl. Grotjahn, R./Schlak, T./Berndt, A. (2010): „Der Faktor Alter beim Spracherwerb: Einführung in den Themenschwerpunkt". In: Zeitschrift für Interkulturellen Fremdsprachenunterricht (ZIF), S. 3

INHALT

ZIEL UND STRUKTUR DIESES LEITFADENS

Das Ziel dieses Leitfadens ist eine konkrete und praktische Hilfe für Kursleiterinnen (KL), die mit älteren Teilnehmerinnen (TN) und Lerngruppen arbeiten.[6] Er beinhaltet viele grundlegende Informationen für den Umgang mit dieser Zielgruppe sowie konkrete Hinweise für den Unterricht. Ein besonderes Augenmerk liegt auf den praktischen Tipps für die KL.

Dieser Leitfaden ist in acht Kapitel aufgegliedert:

Einführung: Wie wird der Begriff „Alter" heutzutage definiert und welche Unterschiede bestehen zwischen älteren und jüngeren Lerngruppen.

Lernen im Dritten und Vierten Lebensalter: Welche Motivation, Interessen und Ziele bringen ältere Lernerinnen mit in den Kurs und inwiefern ist ihre bisherige Lernbiografie von Bedeutung.

Anders lernen lehren: Welche Lernstrategien und -methoden eignen sich für ältere Lernerinnen besonders und wie schafft es die KL, diese den TN zu vermitteln.

Die Rolle der Kursleiterin: Was muss eine KL inner- und außerhalb des Unterrichts bedenken, welche Erwartungen haben die TN und wo liegen die Grenzen.

Gruppendynamik: Inwiefern beeinflusst das soziale Miteinander die Unterrichtsatmosphäre, welche Konfliktsituationen könnten auftreten und wie geht die KL damit um.

Die Gestaltung des Unterrichts: Warum ist ein strukturierter Ablauf für diese Zielgruppe besonders wichtig, welche Besonderheiten sind beim Üben der einzelnen Fertigkeiten zu beachten, und welchen Stellenwert haben die Themen „Wortschatzlernen" und „Grammatik".

Medieneinsatz: Welche Medien haben sich im Unterricht mit älteren Lernerinnen als sinnvoll erwiesen und wie kann man sie inner- und außerhalb des Unterrichts einsetzen.

Ausstattung des Unterrichtsraums: Wie müssen die Räumlichkeiten beschaffen sein und welche Materialien sollte die KL stets zur Hand haben.

Die Autorinnen dieses Leitfadens sind aktive VHS-Kursleiterinnen. Sie sind in der Seniorenbildung tätig und möchten ihre langjährigen Erfahrungen, Überlegungen und Kenntnisse aus der praktischen Arbeit hiermit gerne weitergeben.

---

6 Im Hinblick auf die hohe Anzahl an Kursleiterinnen und weiblichen Lernern in Sprachenkursen wird in diesem Leitfaden die weibliche Form verwendet, also Kursleiterin/Lernerin/Teilnehmerin. Dadurch soll sich jedoch kein Kursleiter/Lerner/Teilnehmer ausgeschlossen fühlen.

1. EINFÜHRUNG

Ist das Alter definierbar?

Das Altern ist ein sehr individueller Prozess, in dem viele verschiedene Komponenten zusammenkommen:

- chronologisches Alter: Anzahl der schon vergangenen Lebensjahre
- biologisches Alter: Gesundheitszustand des Körpers
- psychologisches Alter: Selbstbild des eigenen Alters
- soziales Alter: persönliches Sozialleben, Sozialrolle, Sozialverantwortung

Diese Alterskomponenten können in unterschiedlichem Verhältnis bzw. auch im Konflikt zueinander stehen; z.B., wenn ein älterer Mensch sich als psychologisch jung empfindet, sein körperlicher Gesundheitszustand gut ist, er aber schon 89 Jahre alt ist.

Aufgrund dieser Faktoren ist es sehr schwierig zu sagen, ab wann man „alt" ist. Die „Entwicklungspsychologie der Lebensspanne"[7] schlägt vor, von „young-old" (65 bis 74) und von „old-old" (ab 75) zu sprechen; jedoch immer mit dem Hinweis, dass die Anzahl der Jahre nur ein Bestandteil des Alters ist.

Struktur der älteren Lerngruppe – spezifische Unterschiede zu jüngeren Lernerinnen

Die Gruppe der älteren Lernerinnen zeichnet sich aus durch eine große Altersspanne (von 60 bis 100 Jahren) und weiteren Faktoren wie den Bildungsstand, die eigenen Lernziele sowie das Bewusstsein und die Einstellung zu verschiedenen Themen, z.B. in Bezug auf traditionelles oder modernes, technologiefreundliches oder -feindliches, multikulturelles oder fremdenfeindliches Bewusstsein.

Die Unterschiede zu jüngeren Lernerinnen äußern sich nicht in der Qualität des Lernprozesses, sondern in der Art des Lernens: Ältere Menschen lernen nicht schlechter, sondern anders. (→ siehe Abschnitt: *Lernen im Dritten und Vierten Lebensalter*) Die Ursache liegt im physikalischen Prozess des Altwerdens, z.B. Abbau der körperlichen Sinne (insbesondere das Sehen und Hören), Verlangsamung des Lernprozesses, zunehmender Verlust des Kurzzeitgedächtnisses sowie

---

7 Die Entwicklungspsychologie der Lebensspanne (*Life-span-Psychology*) beschäftigt sich mit Entwicklungsprozessen, die während des ganzen Lebens auftreten. In einer Stufentheorie verknüpft E. H. Erikson die Entwicklung mit der Bewältigung von Aufgaben in sozial bestimmten, frühen und späteren Lebensphasen. Die erfolgreiche Beschäftigung mit diesen Entwicklungsaufgaben und der Modifikation (Optimierung) solcher ist die Voraussetzung dafür, um eine nächst höhere Stufe zu erreichen. (Vgl. Mühlbauer, K. R. (1980): Sozialisation. Eine Einführung in Theorie und Modelle. München)

eingeschränkte Flexibilität, sich auf neue Lehrmethoden einzulassen.[8] Die KL sollte sich dieser Umstände bewusst sein und ihren Unterricht entsprechend planen. (→ siehe Abschnitt: *Anders lernen lehren*)

Dennoch sollte die KL an das Lehr-Lerngeschehen ohne jegliche Vorurteile und Stereotype herangehen, jedoch mit der nötigen Sensibilisierung für die spezifischen Unterschiede, die sich in jeder Lerngruppe, d.h. in jedem einzelnen Kurs, anders zeigen können. (→ siehe Abschnitt: *Die Rolle der Kursleiterin*)

Ein großer Vorteil dieser Altersgruppe ist ihre Lebenserfahrung, welche von der KL auf jeden Fall genutzt werden sollte. Ältere TN verfügen über viele kulturelle Vorkenntnisse im Bereich Literatur, Musik, Kunst etc. und bringen ein umfangreiches Maß an persönlichen Erlebnissen, Weltanschauungen und auch anderen Fremdsprachenkenntnissen in den Unterricht mit. In diesem Sinne kann man den Fremdsprachenunterricht mit Älteren sogar als eine sehr bereichernde Lernmöglichkeit für die KL sehen.

Positiv ist auch das Engagement der älteren Lernerinnen. Für gewöhnlich haben diese eine hohe Motivation und viel Zeit und Muße zum Lernen. Dies stellt natürlich auch einen hohen Anspruch an die KL. Generell kann gesagt werden: Je älter eine TN ist, desto ausgeprägter ist ihre Persönlichkeit und desto unterschiedlicher sind auch ihre Ansprüche an das Lernen.

Mögliche Vorurteile und Stereotype

Stereotype sind mentale Vereinfachungen von komplexen Eigenschaften oder Verhaltensweisen von Personengruppen. Wir benötigen Stereotype, um die Komplexität unserer Umwelt zu vereinfachen und die Interaktion mit Menschen anderer Gruppen zu erleichtern. Ein verwandter Begriff ist das Vorurteil, das entsteht, wenn die verallgemeinerten Eindrücke mit Emotionen besetzt werden. Das Vorurteil basiert meist auf einer wenig reflektierten Meinung und ist somit ein vorab gewertetes Urteil.[9] Vorurteile und Stereotype bedingen sich häufig gegenseitig. Man beurteilt eine Person, bevor man sie überhaupt kennengelernt hat (Vorurteil) und charakterisiert sie mit Eigenschaften, die man mit der jeweiligen Personengruppe verbindet (Stereotype).

Auch der Gruppe der älteren Menschen werden bestimmte vorverurteilende Eigenschaften zugeordnet, wie z.B.:

- Ältere Menschen sind alle ähnlich.
- Ältere Menschen sind allein.
- Ältere Menschen sind krank, fragil und abhängig.

---

8 Vgl. Kruse, A./Lehr, U. (1989): Intelligenz, Lernen und Gedächtnis im Alter. In: Platt, D.: Handbuch der Gerontologie. Stuttgart/New York; Lang, E./Arnold, K. (1991): Altern und Leistung: Medizinische, psychologische und soziale Aspekte. Stuttgart

9 Vgl. http//www.ikud.de/Stereotyp-und-Vorurteil.html

- Ältere Menschen sind kognitiv schwach.
- Ältere Menschen sind depressiv.
- Ältere Menschen sind schwierig und unflexibel.
- Ältere Menschen haben große Probleme, den eigenen Alterungsprozess zu akzeptieren.

Mit diesen (und wahrscheinlich auch anderen) Stereotypen wird jede KL einer älteren Lerngruppe häufig konfrontiert. Fachstudien beweisen, dass Stereotype und Vorurteile sehr beständig sind.[10] Sie sollten bewusst und kritisch betrachtet werden. Dazu einige praktische Tipps:[11]

Wahrnehmungen präzisieren
Die menschliche Wahrnehmung hat eine beschreibende (was ich tatsächlich wahrnehme), interpretierende (wie ich erkläre, was ich wahrgenommen habe) und bewertende (wie ich bewerte, was ich wahrgenommen habe) Natur. Das heißt, man bildet sich von Anfang an ein Urteil.
→ Konzentrieren Sie sich auf das, was Sie tatsächlich wahrnehmen. Es hilft, eigene Vorurteile und Stereotype kritisch zu betrachten.

Achtsamkeit und Empathie in der Kommunikation
→ Hören Sie offen zu und versuchen Sie, konkrete Bedürfnisse und Motivationen der TN wahrzunehmen.

Wechsel der Perspektive
→ Versuchen Sie, Begebenheiten nicht aus der eigenen Perspektive zu betrachten. Überlegen Sie, welche Ansichten die TN haben könnten. Dies bezieht sich sowohl auf das Unterrichtsgeschehen als auch auf alltägliche Themen.

_____ TIPP ____

Schwächen akzeptieren

Stellen Sie sich darauf ein, dass es Probleme mit dem Sehen, mit dem Hören und mit der Mobilität geben kann. Dies ist umso wahrscheinlicher, je älter die TN sind.

Schwächen in der Gedächtnisleistung (vor allem im Kurzzeitgedächtnis) sind normal. Akzeptieren Sie, dass Ihre TN das Gelernte (leider) auch schnell wieder vergessen können. In diesem Fall sind Geduld, z.B. oft auf das gleiche Thema zurückgreifen zu müssen, und regelmäßige Wortschatzübungen sehr hilfreich. Sie können Ihre Unterrichtsstunde so organisieren, dass ein Teil davon der permanenten Wiederholung dient. Diese Wiederholungen können Sie in verschiedenen Varianten anbieten.

---

10 Vgl. Hort, R. (2007): Vorurteile und Stereotype: Soziale und dynamische Konstrukte. Saarbrücken
11 Vgl. Roth, J./Köck, C. (2004): Interkulturelle Kompetenz. München

2. LERNEN IM DRITTEN UND VIERTEN LEBENSALTER

Motivation, Interessen und Ziele

Die Motivation spielt bei Lernerinnen in der nachberuflichen Phase eine noch größere Rolle als bei Berufstätigen, da die Personen selbst entscheiden, mit welcher Fremdsprache sie sich in ihrer Freizeit befassen möchten und wie lange. Oft haben TN in der Vergangenheit begonnen, eine Sprache zu lernen, und mit dem Ausblick auf diesen Kursbesuch ist ihr Interesse neu entflammt.

Um diese Lernmotivation über längere Zeit aufrecht zu erhalten, sollte die KL die einzelnen Motive der TN herausfinden und im Laufe des Kurses gezielt unterstützen. So bekommt sie eine treue und engagierte Lerngruppe.

In Bezug auf das Interesse am Kursbesuch selbst (insbesondere bei romanischen Sprachen) werden oft folgende Gründe genannt:

1. Emotionaler Aspekt
   Die TN haben eine Vorliebe für die Sprachmelodie und für die Kultur des Landes.

2. Persönliche und familiäre Gründe
   Viele Seniorinnen reisen gerne bzw. haben einen zweiten Wohnsitz im Ausland und möchten sowohl Alltagssituationen meistern als auch Land und Leute besser verstehen. Manche haben Freunde oder Familie im Ausland und würden sich gern mit ihrem/r ausländischen Schwiegersohn oder -tochter unterhalten oder ihren Enkelkindern beim Lernen der Fremdsprache helfen. Dadurch entstehen spezifische Bedürfnisse, die bei der Gestaltung einer Lerneinheit beachtet werden sollten, z.B. durch Wahl der Situationen, der Themen und der Kommunikationsformen (E-Mail, Small Talk am Tisch etc.).

3. Geistig fit bleiben
   Das Erlernen einer Sprache trainiert das Gehirn und fördert die Gedächtnisleistung. Die meisten älteren Lernerinnen wissen dies und sehen den Sprachkurs als regelmäßigen intellektuellen Stimulus. Das Lernen in der Gruppe macht nicht nur mehr Spaß, sondern bietet außerdem die Möglichkeit, seine Kenntnisse zu zeigen, sowohl in der Fremdsprache als auch in kulturellen, sozialen, politischen und künstlerischen Bereichen. Wettbewerbsähnliche Situationen wirken stimulierend auf den Lernprozess. Die TN möchten sich mit Gleichaltrigen messen, um sich selbst – und den anderen im Kurs – zu zeigen, dass sie noch vieles leisten können.

4. Soziale Beweggründe
   Die Suche nach sozialen Kontakten ist ein weiterer Aspekt, insbesondere für alleinlebende Personen. Die Unterrichtsstunde als sogenannter „Jour fixe"

bietet die Gelegenheit, sich mit anderen auszutauschen (z.B. über Reisen, kulturelle Erlebnisse, politische Ereignisse oder einen Zeitungsartikel, den man gelesen hat).

In Sprachkursen, die speziell für ältere Lernerinnen angeboten werden, befinden sich die TN unter Gleichgesinnten: Viele sind im Ruhestand und haben somit Zeit, Muße und ein großes Interesse für die freiwillig gewählte Sprache – eine gute Grundlage für einen anregenden Unterricht und eventuell neue Freundschaften. Gruppenarbeiten dienen also nicht allein dem Lernzweck, sondern schaffen gleichzeitig ein Gefühl der Zusammengehörigkeit. (→ siehe Abschnitt: *Gruppendynamik*)

TIPP

Wer sitzt im Kurs und warum?

Machen Sie sich gleich zu Beginn des Kurses Notizen zu dieser Frage. Es hilft Ihnen, die TN besser zu verstehen und gezielt auf sie einzugehen. Diese Einträge sollten im Laufe des Semesters ergänzt und verfeinert werden, je mehr Sie über die TN in Erfahrung bringen.

Bezüglich der Lernziele ist zu beachten, dass ältere Lernerinnen meist nicht unter Lernzwang stehen; d.h., ihre Erwartungen sind nicht quantitativ, sondern qualitativ. Lernrhythmus und -inhalte sollten demnach stets mit der Gruppe abgestimmt werden, ob z.B. innerhalb einer Kurslaufzeit eine Lektion weniger durchgenommen wird, als vorgesehen war. Dies ist angebracht, wenn der Großteil der TN mit der Lektion Schwierigkeiten hat und mehr Wiederholungen braucht; oder wenn ein Thema eine große Vielfalt von Aktivitäten bietet. Eine solche Absprache kann natürlich nicht am Anfang geschehen, sondern erst, wenn die KL die Bedürfnisse ihrer Gruppe besser kennengelernt hat.

Es sollte besprochen werden, ob man ein weniger interessantes Thema durch ein anderes ersetzt oder ob ein besonders schwieriger Teil (z.B. Grammatik) häufiger wiederholt bzw. in der aktuellen Lektion weggelassen werden kann.

Lernbiografien

Wie bei allen Lernerinnen gilt es auch für die Lerngruppe der älteren Menschen, die spezifischen Lernbedürfnisse herauszufinden, um eine alters-, erfahrungs- und fähigkeitsgerechte Form des Unterrichts zu entwickeln. Ein besseres Verständnis der Lernbiografien und Lernbedürfnisse der TN führt zu einer besseren Zusammenarbeit, die nicht nur für die TN, sondern auch für die KL sehr bereichernd ist.

Die individuelle Lernbiografie beinhaltet alle Lernerfahrungen, die wir in unserem Leben gemacht haben. Sie prägt unsere heutige Lernbereitschaft und damit den Lernerfolg. Wenn Menschen in ihrer Vergangenheit vorwiegend positive Erfahrungen gemacht haben, steigt die Wahrscheinlichkeit, dass sie in der Regel gerne an Weiterbildungen teilnehmen. Ausschlaggebend sind unter anderem die Schulbildung, frühere Lernerfahrungen inner- und außerhalb des Erwerbslebens sowie die persönliche Einstellung zur Weiterbildung. All diese Faktoren spielen für den Unterricht eine wichtige Rolle.

Die Lernerfahrungen jeder Einzelnen setzen sich aus drei verschiedenen Lernformen zusammen:

- Formales Lernen: Dieses Lernen findet in der Schule und an Aus- und Weiterbildungsinstitutionen statt. Es führt zu anerkannten Abschlüssen und Qualifikationen.
- Nicht-formales Lernen: Dieses Lernen findet außerhalb von Institutionen der allgemeinen und beruflichen Bildung statt. Es beinhaltet strukturiertes Lernen im Rahmen von Organisationen und Diensten, die zur Ergänzung der formalen Systeme eingerichtet wurden.
- Informelles Lernen: Dieser Begriff umfasst jenes Wissen, das man sich durch Alltags- und Freizeitaktivitäten und in Kommunikation mit dem sozialen Umfeld angeeignet hat.

Es kann also nicht davon ausgegangen werden, dass alle TN die gleichen Erfahrungen, Lerngewohnheiten oder Lernbedürfnisse bzw. das gleiche Wissen haben, insbesondere dann nicht, wenn man die Spannweite und Heterogenität der Zielgruppe betrachtet.

Das Lernen selbst und die Lerngewohnheiten, wenn nicht aktiv aufrechterhalten, können längst „eingerostet" sein und sind vielleicht auch nicht mehr mit der heutigen Didaktik vereinbar. Während z.B. vor 50 Jahren noch einseitiges Nachsprechen und „trockene" Übersetzungen in den Schulen beliebt waren, wird eine Sprache heute hauptsächlich mit kommunikativen (Partner-)Aktivitäten gelernt sowie mit Spielen und handlungsorientierten Übungstypen, die die Speicherung im Langzeitgedächtnis erleichtern. Statt rigiden Übungsformen und Antworten auf Befehl gehören nun Flexibilität, Kreativität und aktives Mitmachen zum modernen Unterricht.

Um ihre Lerngruppe und deren bisherige Lernerfahrungen zu verstehen, sollte die KL folgende Aspekte beachten:

- Ältere Lernende haben zum größten Teil seit vielen Jahren keine Erfahrung mehr mit organisiertem Lernen.
- Möglicherweise müssen sich die TN überwinden, da Versagensängste zu Beginn vorhanden sind.
- TN mit einfachen Schulabschlüssen könnten ihre eigene Lernfähigkeit anzweifeln, da sie lange nicht mehr auf die Probe gestellt wurde. Die Befürchtung könnte groß sein, dass sie sich überfordert fühlen.

- Durch fehlende Erfahrung wissen Ältere häufig nicht, was in einem Kurs in der Erwachsenenbildung von ihnen erwartet werden könnte.
- Ältere Lernerinnen könnten die heutige Methodik und deren Erfolgschancen nicht annehmen.

Einfluss von Berufserfahrungen

Nicht nur die Lernbiografien, sondern auch die Berufserfahrungen unserer Zielgruppe sind sehr unterschiedlich. Die Arbeitsbedingungen haben sich in den letzten 30 Jahren ständig verändert, und eine gerade in den Ruhestand getretene TN verfügt über andere Erfahrungen als eine Person, die vor 15 Jahren aus dem Arbeitsprozess ausgeschieden ist. Es gibt viele Frauen in der höheren Altersgruppe, die früh aus dem Erwerbsleben ausgestiegen sind, um Kinder zu erziehen. Nur wenige hatten die Möglichkeit zu einer Aus- oder Weiterbildung und das formale Lernen endete für sie nach dem Schulbesuch.

Aus diesem Grund ist es umso wichtiger, dass die KL die zu Beginn eines Kurses erstellten Profile und Lernbiografien der TN ständig aktualisiert und ihren Unterricht entsprechend anpasst. Gelingt es der KL, dass die Lernumgebung für alle TN zugleich fordernd und fördernd ist, so bestehen die besten Chancen für eine erfolgreiche und lange Lehr-Lern-Beziehung.

_____ TIPP ____

Gedanken zum vorhergehenden Berufsleben der TN

Arbeiten Sie zum ersten Mal mit älteren Lernerinnen, so sollten Sie sich zu Beginn des Kurses ein paar Gedanken darüber machen, welchen Einfluss das bisherige Berufsleben auf das Leben haben könnte:

- War der Ausstieg aus dem Berufsleben gewünscht oder erzwungen? Könnte dies Auswirkungen auf das Selbstbild bzw. das Selbstwertgefühl haben?
- Welches Arbeitsklima haben die TN erlebt? Wie wichtig war z.B. die Teamarbeit?
- Hatten die TN eine herausfordernde Tätigkeit? Sind sie es gewohnt, ständig Neues lernen zu müssen?
- Welchen Erwerbsstatus haben sie erreicht? Wie fühlen sie sich nun außerhalb des Erwerbslebens?
- Haben sie selbst Entscheidungen getroffen oder wurden die Arbeitsverfahren vorgegeben?
- Haben die TN durch ihre Erwerbstätigkeit gelernt, sich anzupassen?

Lerntypen

Die Sprachlehr- und Lernforschung teilt Lernerinnen in verschiedene Lerntypen ein.[12] Dieses Konzept ist den meisten älteren Lernerinnen jedoch unbekannt, sodass die KL es erst einführen und erklären muss, bevor sie bestimmte Elemente im Unterricht einsetzt.

Lerntypen können in folgende vier Kategorien[13] eingeteilt werden:
* Optischer/visueller Lerntyp: Die Präsentation des Lernstoffes auf Mindmaps, Fotos, Tabellen und Zeichnungen unterstützen den Lernprozess.
* Auditiver Lerntyp: Die Lernerinnen können Gehörtes leicht aufnehmen, behalten und wiedergeben.
* Haptischer Lerntyp: Aktion, Bewegung und Handlung im Lernprozess fördern das Lernen.
* Kommunikativer Lerntyp: Der Austausch mit anderen Lernerinnen wirkt besonders einprägend.

Bekannt ist, dass manche TN lieber passiv lernen und andere eher aktiv; d.h., sie beteiligen sich stärker oder weniger stark am Unterricht. Es wäre jedoch falsch, die Lernbeteiligung mit dem Lernfortschritt gleichzusetzen. Auch zurückhaltende TN können viel aufnehmen. Je nach Lerntyp bevorzugen TN unterschiedliche Lernmethoden, sowohl im Unterricht als auch bei den Hausaufgaben. Die Übungen sollten daher vielfältig und abwechslungsreich sein.

Die Einteilung in Lerntypen dient als orientierende Lehr-Lernhilfe. Sie bedeutet nicht, dass TN nur mittels eines Wahrnehmungskanals lernen können. Da eine TN selten einem eindeutigen Typus zuzuordnen ist, sollte neuer Lernstoff über mehrere Kommunikationskanäle angeboten werden. So lässt sich dieser noch besser in das Gedächtnis einprägen, was besonders für die Zielgruppe wichtig ist. Übungen, die viel Bewegung verlangen oder in kleinen Räumen zu einem hohen Lärmpegel führen, sollten mit Vorsicht geplant werden. Die KL muss sich genau überlegen, ob solche Übungen für ältere Menschen mit physischen Einschränkungen angebracht sind.

---

12 Weiterführende Informationen zu Lerntypen finden sich in den Handbüchern zur Sprach- und Kommunikationswissenschaft (HSK) (1982 ff.). Berlin/New York. Oder in Edmonson, W./House, J. (2006): Einführung in die Sprachlehrforschung. Stuttgart

13 Vgl. Lerntypologie nach Vester, F. (2002): Denken, Lernen, Vergessen. München

Die TN befürchten manchmal, das Gelernte schnell wieder zu vergessen.
Als Gegenmaßnahme können Sie Tipps und Lernideen für alle größeren
Lerntypen anbieten, wie z.B. Memory® Spiele zum Wortschatzlernen für
visuelle Typen oder kleinere Rollenspiele für kommunikative Lerntypen.
Gleichzeitig sollten Sie neue Lernstrategien vermitteln, anhand welcher
sich die TN auf andere Weise mit dem Lernstoff beschäftigen können,
z.B. Hörverstehensübungen, denen zur Schulzeit unserer Zielgruppe
noch kaum Bedeutung beigemessen wurde.[14] (→ siehe Abschnitt: *Hören*)

14 Interessanterweise führt das auditive Training des Fremdsprachenlernens zu einer höheren Differenzierungsfähigkeit, auch bei Schwerhörigen, und zu einer besseren Gedächtnisleistung. Vgl. Gebhardt, C.: Hören mit Hirn.
Wirksamkeit eines Trainings der auditiven Differenzierungsfähigkeit bei Schwerhörigen im Alter von 55 bis 70 Jahren, www.freidok.uni-freiburg.de/volltexte/2634/pdf/Dissertation_C_Gebhardt_.pdf

3. ANDERS LERNEN LEHREN

Viele ältere Lernerinnen haben zu Beginn eines Sprachkurses keine oder nur wenige Kenntnisse über moderne Lehr-Lernmethoden und verlassen sich noch auf jene Methoden aus ihrer Jugend.

Die Erfolge vieler früher angewandter Methoden, wie z.B. die Grammatik-Übersetzungsmethode, beruhen jedoch auf dem Kurzzeitgedächtnis, welches in jungen Jahren noch sehr gut funktioniert, mit zunehmendem Alter aber nachlässt. Unbewusst oder bewusst vergleichen die TN ihre früheren mit den heutigen Lernerfolgen und es besteht die Gefahr, dass sie die Lust am Lernen verlieren bzw. sogar den Kurs verlassen. Gerade deswegen ist es notwendig, die TN zum Ausprobieren und Anwenden neuer Lehr-Lernmethoden zu motivieren.

Das Gehirn einer älteren Lernerin bevorzugt Bekanntes. Wenn Seniorinnen in einen neuen Sprachkurs kommen, in dem sie weder die Methoden kennen noch eine Einführung von der KL erhalten haben, so werden sie zuerst immer versuchen, nach der ihnen bekannten Methode zu lernen. Aktivitäts- und Übungsformen sowie Lerntipps sollten demnach (zumindest am Anfang) auf den bisherigen Lernwegen und -erfahrungen der TN aufbauen. Auch das selbstständige Ausprobieren ist für viele TN ungewohnt. Sie erwarten vielmehr, dass die KL ihnen genau zeigt, wie sie lernen sollen.

_____ TIPP _____

Erklärungen geben

Bevor Sie mit der Einführung neuer Übungen beginnen, sollten Sie unbedingt Form und Ziele dieser Übungen erklären, dass z.B. das erfolgreiche Kommunizieren im Vordergrund steht und somit mehr Wortschatz- und Sprechübungen und weniger Leseverstehen und Übersetzungen eingesetzt werden.

Wichtig ist auch, den TN genügend Zeit zu geben, sich an diese Übungsformen zu gewöhnen. Neue Methoden sollten schrittweise und mit einfachen und gut strukturierten Aktivitäten eingeführt werden.

_____

Anders lernen mit Lerntipps

Lerntipps sind kurze praktische Vorschläge, wie eine Fremdsprache effektiver gelernt werden kann. Ein Lerntipp bezieht sich jeweils auf einen bestimmten Punkt des Lernens, z.B. wie sich Vokabeln besser einprägen lassen. (→ siehe Abschnitt: _Wortschatzlernen mit Verknüpfung_)

Das Kennenlernen neuer Lerntipps bietet älteren TN die Aussicht auf nachhaltige Erfolge und sollte von der KL systematisch in den Unterrichtsplan einbezogen werden.

Zuerst sollte die KL ihre TN eine Weile beobachten und kennenlernen, um dann geeignete Lerntipps auszusuchen. Bei der Wahl von Lerntipps sind die Lernbiografien und Erfahrungen der TN sowie die Struktur und Dynamik der Gruppe zu berücksichtigen.

Die Einführung eines jeden Lerntipps sollte unbedingt schrittweise und durch konkrete Aktivitäten im Unterricht stattfinden. Es genügt nicht, wenn die KL nur den Lerntipp erklärt und empfiehlt. Die TN werden ihn erst erfolgreich anwenden, wenn dieser im Unterricht mehrmals durchgeführt wurde. Bei älteren Lernerinnen gilt oft der Grundsatz: Weniger ist mehr. Führen Sie lieber weniger Lerntipps ein, diese aber ausführlich und unter häufiger Anwendung.

Das Positive ist: Hat die TN mit einem Lerntipp Erfolg, wird sie bereit sein, weitere Tipps auszuprobieren. Besonders für TN dieser Zielgruppe bedeuten Lernfortschritte große Freude und einen Motivationsschub.

Anders lernen mit Spielen

Es kann sein, dass das Wort „Spiele" von manchen TN negativ beurteilt wird. Sie assoziieren damit etwas Kindisches oder Nutzloses, das sie im Rahmen des Unterrichts nicht mit einer Lernsituation verbinden. Vorteilhafter klingen Begriffe wie „Lernspiele" oder „Aktivitäten".

Prinzipiell sind ältere Lernerinnen jedoch offen für das Ausprobieren neuer Lernaktivitäten; sie brauchen nur detaillierte Informationen. Wie bei jeder neuen Übung muss die KL auch bei Spielen ganz genau erklären, was das Ziel einer bestimmten Aktivität ist und wie sie abläuft – ggf. kann sie vorher ein Beispiel geben. Während der Übung sollte die KL jederzeit zur Verfügung stehen, um Hilfe oder Impulse zu geben.

Bei der Wahl eines Spiels für unsere Lerngruppe sollte die KL auf verschiedene Aspekte achten:
- Keine komplizierten oder umständlichen Regeln.
- Das Spiel muss dem Lernniveau der TN angepasst werden (ggf. selbst vorher ausprobieren).
- Das Spiel darf keiner TN persönlich zu nahe treten (Gefahr bei Spielen, die personenbezogene Fragen beinhalten, die die Privatsphäre der TN berühren können).
- Das Spiel muss fordernd, aber je nach Bildungsstand für jeden zugänglich sein.

- Das Spiel muss Spaß machen und die KL muss es selbst mögen, sonst lässt sich nur schwer Begeisterung bei den TN herstellen. („Man muss selber brennen, um andere entflammen zu können.")
- Wenn die TN ein bestimmtes Spiel sehr mögen, sollte die KL dieses bei verschiedenen Themen anwenden. Die Beliebtheit eines Spiels und die Routine beim Spielen machen den Unterricht effektiver.

_____ TIPP ____

Bei der Aktivität sollten Sie darauf achten, dass der Geräuschpegel nicht zu hoch wird. Ist der Unterrichtsraum groß genug, sollten die einzelnen Gruppen weit auseinander sitzen, wenn möglich in einen anderen Raum gehen.

Bei Rollenspielen können ältere Lernerinnen mehr Widerstand zeigen als bei Lernspielen. Dahinter steckt oft die Angst, Fehler zu machen oder sich vor der Gruppe zu blamieren. Außerdem verlangen Rollenspiele Inspiration und Fantasie, die nicht immer vorhanden sind. Es gibt jedoch Tricks, die diese Aktivität erleichtern.

Mithilfe von Fotos oder Karten können TN innerhalb definierter Angaben eine fiktive Identität annehmen. Sehr stimulierend wirken Rollen, die von der eigenen Person weit entfernt sind. Auch hilft es, die Einführung dieser Rollen locker und kreativ zu gestalten. Eine positive Auseinandersetzung mit neuen Perspektiven und Meinungen fördert komplexe Verbindungen im Gehirn, die das Langzeitgedächtnis unterstützen, wenn es z.B. gelingt, den Lernstoff mit Erinnerungen, Gefühlen und Erfahrungen zu verknüpfen. Je mehr Assoziationen bestehen, umso besser bleibt der Lernstoff „hängen".

Anders lernen mit einem Lerntagebuch

Ein Lerntagebuch kann die Motivation der TN wecken und zugleich das selbstständige Lernen fördern; d.h., jede TN entscheidet für sich, was und wie sie lernt. Es ist das ideale Instrument, um sich mit dem Lernen selbst und dem Thema der jeweiligen Kursstunde auseinanderzusetzen.[15] Für ältere TN mit wenig formaler Lernerfahrung ist das Lerntagebuch eine gute Gelegenheit, einen Überblick über eigene Lernfortschritte zu gewinnen. Außerdem können Wissenserwerb, Fähigkeiten und Erfahrungen aus eher informellen Lernsituationen neu bewertet werden.

15 „Lerntagebuch-Begeisterte" finden eine ausführliche Version des Lerntagebuchs im Europäisches Portfolio für Sprachen. Zu finden unter: http://www.hueber.de/portfolio
Mehr Informationen zum Tagebuch finden Sie unter http://erwachsenenbildung.at (dort nach „Lerntagebuch" suchen)

Jede TN bestimmt den Inhalt ihres Buches. Zur Analyse des eigenen Lernfort-schritts werden mögliche Strukturierungsfragen vorgegeben. Die TN entschei-det jedoch selbst, auf welche Beispiele/Fragen sie sich konzentrieren möchte. Mögliche Fragen sind:

- Was hat mir heute im Unterricht besonders gut gefallen? Warum?
- Was habe ich heute besser gemacht als bisher? Woran liegt das?
- Was habe ich heute gelernt? Wie habe ich gelernt?
- Mit wem habe ich heute gut gearbeitet? Warum lief es so gut?
- Was möchte ich noch lernen/können? Wie erreiche ich mein Ziel? Was kann ich dafür tun?

Eine solche Selbstanalyse ermöglicht ein tieferes Verständnis des eigenen Lerntyps und der bevorzugten Lernmethoden. Lernungeübten hilft das Dokumentieren außer-dem, sich wieder mit dem Lernen vertraut und die positiven Lernerfahrungen und Lernerfolge sichtbar zu machen.

Statt einer Hausaufgabe kann die KL die TN hin und wieder zu einem Eintrag in das Lerntagebuch auffordern, damit sie selbst ihre Fortschritte messen können.

Anders lernen durch handlungsorientierte Aufgaben

Eine erfolgsversprechende handlungsorientierte Übungsform ist die Projektarbeit. Die Aufgabe für ein handlungsorientiertes Projekt muss die TN interessieren und ihnen die Möglichkeit geben, ihr inhaltliches Wissen zum Thema weiterzugeben. Ein Beispiel für eine Aufgabe wäre, einen Stadtführer mit den schönsten Sehens-würdigkeiten der Stadt zu erstellen. Das Anwenden des gerade gelernten Wissens ist ein Erfolg und motiviert zum Weiterlernen.

Die Aufgaben werden selbstständig in Partnerarbeit oder in Kleingruppen ausge-führt. Die KL übernimmt die Rolle der Moderatorin. (→ siehe Abschnitt: *Die Rolle der Kursleiterin*)

Zu Beginn sollte sie nur einfache und kurze Aufgaben stellen und die Gruppen-stärke auf zwei bis drei TN beschränken. Haben sich die TN an die Methodik des selbstständigen Arbeitens gewöhnt, können komplexere Aufgaben gestellt werden.

Diese Art des Lernens ist besonders für ältere Lernerinnen geeignet, da

- die TN innerhalb der Gruppenarbeit ihr im Laufe des Lebens gesammeltes Wissen und ihre Erfahrungen auf kreative Weise austauschen und einbringen können.

- es bei den Aufgaben nicht nur um das Sprachenlernen geht, sondern auch darum, mit anderen TN etwas zu gestalten und dabei in der Fremdsprache selbstständig zu kommunizieren.

- für die Erledigung der Aufgabe in der Regel viele Fähigkeiten und Kompetenzen gefragt sind. Das macht es möglich, dass jede TN, unabhängig von ihrer sprachlichen Begabung, etwas zur Erfüllung der Aufgabe beitragen kann.

- die TN mit der Aufgabe ein gemeinsames Ziel haben, wodurch die Gruppenzugehörigkeit gestärkt wird. Dies ist für die Zielgruppe besonders wichtig.

Am Schluss stellt jede Gruppe ihre Arbeitsergebnisse im Plenum vor und/oder es wird eine kleine Ausstellung dazu gemacht. (→ siehe: *Anlage 1 – Beispiele für kommunikative Aufgabenstellungen*)

4. DIE ROLLE DER KURSLEITERIN

Die Rolle der KL innerhalb älterer Lerngruppen unterscheidet sich nicht wesentlich von der in anderen Kursen der Erwachsenbildung, aber sehr von der Rolle einer Schullehrerin. TN mit weniger Erfahrungen in formaler (Weiter-)Bildung könnten diese jedoch verwechseln. Es gilt, dieses Missverständnis zu klären.

Die KL hat auch keine vorgegebene Autorität. Autorität sollte nur durch Vertrauen aufgebaut werden, welches auf drei Kompetenzen basiert:

1. Die sprachlichen Kompetenzen

2. Die pädagogischen Kompetenzen – die Rolle als Regisseurin

3. Die Beratungskompetenzen – die Rolle als Lernbegleiterin

In diesem Kapitel wird erläutert, wie diese Rollen sowohl für die KL als auch für die TN zu verstehen sind und wie sie Beziehungen zueinander beeinflussen.

Sprachliche Kompetenzen

Sprachliche Kompetenzen vonseiten der KL sind natürlich für jeden Unterricht unabdingbar. Bei älteren Lernerinnen sollte die KL jedoch sehr vorsichtig mit „Metasprache" umgehen, da TN Begriffe wie „Pronomen" oder „Adverb" nicht verstehen könnten. Jüngeren Lernerinnen sind diese Begriffe aus der Schule präsenter, ältere TN dagegen haben sie wahrscheinlich nie gehört – oder der letzte Fremdsprachenunterricht liegt schon Jahre zurück, sodass die Begriffe vergessen wurden. Die KL sollte solche Begriffe wieder langsam einführen und überprüfen, ob alle TN den gleichen Wissensstand haben.

Vermeidung „typischer" Fehler
→ TN erwarten oft, dass die KL jederzeit eine Übersetzung/Erklärung parat hat. Kein Grund zur Panik: Versprechen Sie nachzuschauen und liefern Sie die Antwort (unbedingt) zum nächsten Kurstermin.

→ Auch wenn Sie die Antwort auf eine Frage wissen, müssen Sie nicht immer als Lexikon fungieren. Häufig können auch andere TN die Frage beantworten. Ermuntern Sie die TN von Beginn an, sich gegenseitig zu unterstützen und ihr Wissen zu teilen.

Pädagogische Kompetenzen – die Rolle als Regisseurin

Eine gewissenhafte Unterrichtsvorbereitung und eine gute Lehrkompetenz fördern das Lehr-Lerngeschehen. Bedeutend ist auch die Fähigkeit, Interesse zu wecken und die Aufmerksamkeit der TN durch zielgerichtete „Regieanweisungen" aufrechtzuerhalten.

Vor allem bei der Unterrichtsvorbereitung sollte die KL die verschiedenen Wünsche, Interessen, Erwartungen und Forderungen der TN ausbalancieren und in entsprechenden Übungen und Aktivitäten umsetzen.

Je älter die TN, desto unterschiedlicher sind ihre früheren Lernerfahrungen auf der Basis alter Methoden und pädagogischer Ansichten des Lehrens und des Lernens. Die KL sollte ihre neuen Methoden stets so einführen, dass deren didaktische Intentionen für die TN nachvollziehbar sind. Genau in diesen und ähnlichen Situationen könnte es sonst zu Diskrepanzen zwischen den TN und der KL kommen.

Vermeidung „typischer" Fehler

→ Bleiben Sie nicht übermäßig lang bei einem Kapitel. Den Fall, dass jede TN alles richtig beherrscht, gibt es nicht. Stattdessen laufen Sie Gefahr, leistungsfähigere TN zu ermüden. Kommen Sie lieber nach zwei bis drei Wochen noch einmal auf schwierige Abschnitte zurück.

→ Während des Unterrichts sollten die TN deutlich mehr zu Wort kommen als die KL. Vermeiden Sie längere Monologe, schließlich sollen die TN die Sprache üben. Wenn Sie „als Hörtext fungieren", gelten die gleichen Regeln wie bei einem Text von der CD: kurz, strukturiert und mit überschaubarem Inhalt.

→ Vermeiden Sie es, die Aussagen der TN zu wiederholen, damit sie von allen verstanden werden. Weisen Sie die TN von Anfang an darauf hin, dass sie nach Möglichkeit laut und deutlich sprechen und gleichzeitig Blickkontakt mit ihrer Gruppe halten sollten, um eventuelles Unverständnis anderer TN selbst wahrzunehmen.

Um bestimmte Routinen in den Unterricht einzubauen, sollten die Unterrichtsphasen für die TN klar erkenntlich und der Ablauf der Aktivitäten vertraut sein. Dies bedeutet nicht, dass immer die gleichen Fragen und Übungen vorkommen sollen. Ältere Lernerinnen lieben zwar ihre Gewohnheiten, sind aber auch offen für Überraschungen, die ihnen neue Impulse bringen.

Beratungskompetenzen – die Rolle als Lernbegleiterin

Rollen zu definieren, Grenzen zu setzen, Regeln zu vereinbaren und Akzeptanz dafür herzustellen, ist eine der Hauptherausforderungen für die KL – und definitiv nicht einfach zu bewerkstelligen.

Innerhalb gruppendynamischer Prozesse bei älteren Lernerinnen sollte die KL – insbesondere im Hinblick auf die oftmals eingeschränkte (physische und mentale) Flexibilität der TN – Ängste und mögliche Zweifel an den eigenen Fähigkeiten aus dem Weg räumen und z.B. Grammatikerklärungen ggf. öfter als nötig in kurzen Übungen wiederholen.

Ein Mehr an Flexibilität und Kompromissfähigkeit im Unterrichtsgeschehen basiert stets auf Verhandlungen mit den TN, welche nicht nur einmal, sondern immer wieder durchgeführt werden sollten.

In der Rolle als Lernbegleiterin sollte die KL ihre TN stets ermuntern, sich mit dem eigenen Lernprozess auseinanderzusetzen. Lernerinnen, die damit Schwierigkeiten haben, sollte die KL verstärkt Unterstützung anbieten. (→ siehe Abschnitt: *Anders lernen lehren*)

Vermeidung „typischer" Fehler

→ Hin und wieder hat eine TN eine spezielle Frage, deren Erklärung den Kenntnisstand der Gruppe überschreitet. Bitten Sie die Person um etwas Geduld und klären Sie die Frage am Ende der Stunde in einem Einzelgespräch oder per Telefon/E-Mail.

→ Manche ältere Lernerinnen haben ein übermäßiges Mitteilungsbedürfnis (Krankheiten, Haustiere usw.), das zulasten der anderen TN geht. Achten Sie darauf, dass Sie allen TN die gleiche Aufmerksamkeit zukommen lassen, um dominanten Persönlichkeiten nicht zu viel Raum zu geben.

Fehlerkorrektur und Feedback

Im Sprachunterricht gilt: „Fehler sind Freunde". Sie bieten Lernmöglichkeiten und sind ein normaler Teil des Lernens. Der Umgang mit Fehlern (also das „Wie") sollte im Unterricht jedoch mit Bedacht geschehen. Studien belegen, dass ältere Lernende bei Fehlerkorrekturen viel mehr Adrenalin freisetzen als jüngere; d.h., sie erleben eine Stresssituation aus Angst, vor anderen TN Fehler zu machen. Bei TN, die sich in einem kleineren sozialen Umfeld bewegen, könnte sich ein unangenehmer Moment eventuell noch stärker einprägen bzw. sogar Auswirkungen auf das Selbstbild haben. Aus diesem Grund sollte die KL besonders feinfühlig bei der Korrektur agieren. Generell sollte eine Lernatmosphäre geschaffen werden, in der Fehler von allen TN als Lernhilfe akzeptiert werden. Wenn möglich, sollten die TN die Lösung selbst finden – am besten mit der Hilfe der anderen TN, sodass sich z.B. eine richtige Anwendung besser einprägt.

Bei Korrekturen sind zwei Aspekte von Bedeutung:

→ Überlegen Sie, in welcher Unterrichtsphase die Korrekturen erfolgen sollen. Als Grundregel gilt: Bei Wiederholung, Einführung und Festigung wird auf die genaue Form geachtet und systematisch korrigiert. (→ siehe „Leitfaden für Sprachkursleiter"[16]) Bei freier Sprachanwendung stehen Inhalt, Kommunikation und Redefluss im Vordergrund. Intervenieren Sie in freien Sprechphasen nur

---

16 Weitere hilfreiche Korrekturmöglichkeiten befinden sich im Handbuch „Leitfaden für Sprachkursleiter", erschienen im Hueber Verlag (2009). Ismaning. Zu finden unter: http://www.hueber.de

bei Missverständnissen. Grobe Fehler können Sie notieren und am Ende der Übung an die Tafel schreiben, damit diese im Plenum besprochen werden.

→ Analysieren Sie die Art des Fehlers (z.B. „Verwechslung", „Verständnisfehler" oder gar Auswirkungen einer „Gedächtnisstörung"), bevor sie die passende Korrekturmethode auswählen. Ein Verständnisfehler kann vielleicht von der TN selbst nicht korrigiert werden, eine Verwechslung hingegen schon.

→ Bei Aussprachefehlern sollte die KL besonders vorsichtig sein. Eine falsche Aussprache heißt nicht, dass die TN über schlechtere Sprachkenntnisse verfügt – und eine gute Aussprache ist nicht immer ein Zeichen für gute Sprachkenntnisse. Dies sollte die KL den TN mit Hinweisen erklären. Hinzu kommt, dass ältere Lernerinnen nicht mehr so deutlich zwischen Lauten differenzieren können, sodass Unterschiede in der Aussprache zu erwarten sind. Heute weiß man, dass ein Phonem, das in der Muttersprache nicht vorhanden ist, durch die Fremdsprachenlernerin höchstwahrscheinlich nicht gehört wird und daher selten richtig ausgesprochen werden kann. Die KL darf also nicht übertreiben, d.h. keine überflüssigen Korrekturen durchführen, wenn die Aussprache nicht perfekt, aber die Kommunikation erfolgreich ist.

5. GRUPPENDYNAMIK

In jeder Gruppe herrscht eine eigene Dynamik des Miteinanderlernens. Die KL sollte sich genügend Zeit nehmen, diese Dynamik wahrzunehmen und kennenzulernen. Ebenso muss sie Vorwissen und Kenntnisse der TN überprüfen sowie deren Ansprüche, Wünsche und Erwartungen analysieren, d.h. aktiv zuhören und offen fragen und sprechen. Die Vermittlung bei unterschiedlichen Forderungen innerhalb der Gruppe oder gar unrealistischen Zielen steht im Vordergrund.

Zusammenhalt in der Gruppe – der besondere Aspekt des sozialen Miteinanders

Bei älteren Lernerinnen spielt das soziale Miteinander eine wichtige Rolle; für viele ist dies sogar ein Hauptgrund für den Kursbesuch.

Die KL kann Harmonie und Zusammenarbeit in der Gruppe fördern, indem sie z.B. Gruppenarbeiten, Rollenspiele, Gruppenhausaufgaben oder gemeinsame Recherchen einplant. (→ siehe Abschnitt: *Partner- und Kleingruppenarbeit*)
Für das soziale Miteinander könnte die KL zusätzlich ein Treffen außerhalb der Kursstunde vorschlagen.

_____ TIPP ____

Bezugsperson aus der Gruppe

Lassen Sie jede TN innerhalb der Gruppe eine bestimmte Bezugsperson wählen. Es unterstützt persönliche Kontakte inner- und außerhalb des Unterrichts sowie das Lernen selbst.

Aufgabe dieser Bezugsperson ist es z.B., sich bei längerem Fehlen nach der „Partnerin" zu erkundigen oder für diese die Lernunterlagen mitzunehmen und sie über den Kursverlauf zu informieren.

_____

Da ältere Lernerinnen oft über mehrere Jahre im Kurs zusammen bleiben, kann der sozialen Interaktion gerne etwas mehr Zeit gewidmet werden. Sollten TN z.B. das Bedürfnis haben, über Schwierigkeiten oder familiäre Ereignisse zu sprechen, so kann die KL dieses Bedürfnis in die Phase des freien Sprechens integrieren. Für den weiteren (reibungslosen) Verlauf des Kurses sollte diese Phase jedoch rechtzeitig wieder beendet werden. Die KL kann z.B. auf die überschrittene Zeit hinweisen und ggf. noch ein bis zwei Minuten dazugeben, um die Gefühle des Betroffenen nicht zu verletzen.

Umgang mit (typischen) Konfliktsituationen

Meistens funktioniert der Zusammenhalt der Gruppe gut, manchmal aber entstehen Konflikte zwischen den TN. Konflikte in Gruppen zu lösen, gehört nicht zu den einfachen Aufgaben einer KL. Um eine Konfliktsituationen zu steuern, muss sie aktiv zuhören, offen sprechen und diplomatisch handeln. Eventuell muss sie die von der Gruppe anerkannte Autorität als Gruppenleitung deutlich zeigen und damit den Konflikt inner- und außerhalb des Unterrichts in die eigene Hand nehmen. In besonders schwierigen Fällen sollte sich die KL an die pädagogische Leitung der Weiterbildungsinstitution wenden oder die Hilfe der KL-Vertretung und/oder anderer Verantwortlicher in Anspruch nehmen.

Die Beziehung zwischen KL und TN in der Erwachsenenbildung ist in der Regel sehr respektvoll und ermöglicht eine kooperative und freundliche Lehr-Lernumgebung. Dennoch kann es hin und wieder auch zu unangenehmen Momenten zwischen KL und TN kommen, insbesondere wenn unterschiedliche Lebens- bzw. Lerngeschichten und Bildungsziele aufeinandertreffen. Was die KL nicht als Konflikt betrachten sollte, sind unterschiedliche Meinungen innerhalb der Gruppe, die die Gruppendynamik nicht negativ beeinträchtigen. Ein respektvoller Austausch mit anderen gehört zum sozialen Aspekt des Unterrichts.[17]

In Kursen mit älteren Lernerinnen gibt es jedoch zwei Aspekte, die potenziell als Konfliktauslöser gelten:

Körperliche Einschränkungen

Ältere Menschen gestalten ihr Leben seit Jahrzehnten selbst. Im Fremdsprachenunterricht wird aber auch verlangt, auf die Bedürfnisse der anderen TN einzugehen und ihnen gegenüber Toleranz zu zeigen. Fühlt sich eine TN auf Grund von Äußerungen über ihre altersbedingten körperlichen Einschränkungen benachteiligt, ist dies für sie besonders entwürdigend. Die KL hat die Aufgabe, solche Situationen taktvoll innerhalb der Gruppe anzusprechen.

Die häufigsten körperlichen Schwächen sind:

Hörprobleme
Sie treten vor allem bei Partnerarbeit und Hörübungen auf und werden von manchen TN als Last empfunden.
→ Kontrollieren Sie, ob der Sitzplatz wirklich geeignet ist. Lassen Sie die betroffene TN einen Sitzplatz aussuchen, von dem aus sie die anderen Gruppenmitglieder und den CD-Player gut hören kann. (→ siehe Abschnitt: *Hören*) Außerdem sollten Sie mit allen TN vereinbaren, dass sie langsamer, lauter und nacheinander sprechen.

---

17 Weitere hilfreiche Handlungsmöglichkeiten befinden sich im Handbuch „Leitfaden für Sprachkursleiter", erschienen im Hueber Verlag (2009). Ismaning. Zu finden unter: http://www.hueber.de

→ Verschweigt eine TN ihre Schwierigkeiten, müssen Sie selbst herausfinden, welche Probleme die Ursache für ihr Verhalten sind. Hinweise auf Hörprobleme sind z.B. die ständige Bitte um Wiederholungen oder das Nichtreagieren auf Anweisungen oder Fragen. Besprechen Sie diese Schwierigkeit unter vier Augen – und mit viel Feingefühl. Im Anschluss sollten Sie der TN die Möglichkeit anbieten, sich einen passenden Sitzplatz auszusuchen.

Eingeschränkte Sehfähigkeit

Mit zunehmendem Alter haben TN mehr Schwierigkeiten, das Kleingeschriebene im Buch oder an der Tafel zu entziffern. (→ siehe Abschnitt: *Lesen*)

→ Schreiben Sie in ausreichend großer Schrift und wählen Sie für das Schreiben an der Tafel eine gut lesbare Farbe. Auf dunkleren Tafeln eignet sich gelbe Kreide, auf helleren Tafeln oder Flipcharts sollten dunkle Farben verwendet werden. Kontrollieren Sie Ihre Tafel-Schrift unbedingt am ersten Kurstag. Sie können z.B. einen kurzen Willkommenstext schreiben und auf Lesbarkeit prüfen, auch von den hinteren Plätzen.

→ Bitten Sie TN mit Sehschwierigkeiten, sich näher an die Tafel zu setzen, bevor sie sich einen festen Sitzplatz ausgesucht haben.

Bewegungsschwierigkeiten

Ältere TN mit (oder ohne) Gehhilfen können sich nicht mehr so agil bewegen wie früher.

→ Vermeiden Sie Übungen, die zu viel Bewegung verlangen – ein bisschen genügt. Bedenken Sie außerdem die Größe Ihres Kursraums. Bei kleinen Räumen sollten Übungen, die Bewegung verlangen, mit noch mehr Vorsicht geplant werden.

Schwache Stimme

Das Phänomen einer schwachen Stimme stellt eine große Herausforderung für den Fremdsprachenunterricht dar. Andere TN könnten es als unangenehm empfinden, die leise sprechende TN ständig um Wiederholung zu bitten. Im schlimmsten Fall hören sie ihr irgendwann nicht mehr zu.

→ Als praktische Lösung könnten Sie die Tische zu einer Art „Stammtisch" zusammenrücken. So könnte es gelingen, aus dieser für die TN unangenehmen Situation heraus eine schöne Stimmung zu schaffen.

Kognitive Veränderungen und Gedächtnisschwächen

Ältere brauchen unter Umständen mehr Zeit, um z.B. die Anweisungen für eine Übung zu verstehen oder eigene Antworten zu formulieren. Des Weiteren kämpfen manche TN damit, dass sie sich nicht alles merken können und vieles schnell wieder vergessen. Letzteres ist für die Betroffenen sehr frustrierend und führt oft zu großer Unsicherheit. Im schlimmsten Fall werden diese TN versuchen, eine solche Schwäche durch aktive Ablenkung oder zunehmende Passivität zu verbergen.

→ Kalkulieren Sie bei Ihrer Unterrichtsplanung immer etwas mehr Zeit ein, damit keine Stresssituation entsteht.

→ Betonen Sie, dass das Vergessen ein normaler Teil des Lernens ist und durchaus auch bei Jüngeren vorkommt.

→ Bieten Sie immer wieder passende Lerntipps an und planen Sie Wiederholungsphasen von bereits gelerntem Wissen ein.

Unterschiedliche Ziele und Verhaltensweisen

Eine KL geht immer davon aus, dass TN, die einen Kurs freiwillig besuchen, eine Fremdsprache sehr motiviert lernen wollen. Sie sollte jedoch die Grundmotivation genau analysieren. Manche TN haben nicht unbedingt das primäre Ziel, eine Fremdsprache fließend zu beherrschen. Sie wollen hauptsächlich Spaß haben, sich mit anderen treffen und nebenbei durch den Sprachunterricht ihr Gedächtnis trainieren. Andere hingegen suchen einen Ausgleich nach dem Erwerbsleben, um vielleicht ihr Selbstbild in dieser Lebensphase neu zu definieren.

Arbeitet eine sehr lernmotivierte TN mit einer eher auf soziale Kontakte bedachten TN zusammen, könnte dies zu Konflikten führen. Während eine TN sich sehr bemüht, möchte sich die andere vielleicht nur unterhalten.

→ Versuchen Sie nicht zu verhindern, dass TN mit unterschiedlicher Motivation zusammen arbeiten. Stattdessen sollten Sie die TN hin und wieder daran erinnern, dass während des Unterrichts überwiegend die Fremdsprache verwendet wird.

_____ TIPP ____

Interesse an der Übung erhalten

Beobachten Sie Ihre TN während der Übungen. Wenn z.B. weniger Motivierte aufgeben und die Muttersprache verwenden, sollten Sie wieder aufmunternd an die Übung erinnern und bei Bedarf so lange helfend unterstützen, bis das Gespräch wieder „in Gang" ist. Am Ende der Partnerarbeit sollten Sie unbedingt die Mühe und erbrachte Leistung loben. Vielleicht brauchen diese TN nur eine gewisse Aufmerksamkeit, um sich erneut anzustrengen.

TN mit anfänglich geringen Sprachkenntnissen sind oft schüchtern und melden sich seltener als andere. Womöglich wollen sie vor den anderen keine Fehler machen; sie könnten aber auch denken, dass ihre eigenen Erfahrungen weniger wichtig oder unbedeutend sind.

→ Weisen Sie darauf hin, dass die Erfahrungen aller TN einen großen Fundus an Kommunikationsstoff bieten und jede Aussage im Unterricht immer als gleichwertig zu behandeln ist.

→ Einzelne TN mit einem hohen Bedürfnis nach Anerkennung signalisieren durch ihr Verhalten, dass sie mehr können als die anderen – eventuell sogar mehr als die KL, insbesondere wenn diese jung ist. Aussagen wie „Könnte man das nicht auch so oder so sagen?" bringen jedoch Verwirrungen in die Gruppe.

→ Machen Sie deutlich, dass Sie für bestimmte Formulierungen didaktische Gründe haben. In jeder Sprache gibt es viele Möglichkeiten, einzelne Sachverhalte auszudrücken. Das Gedächtnis kann sich jedoch nicht immer mehrere Dinge gleichzeitig merken und es ist sinnvoll, erst einen grundlegenden Ausdruck zu lernen, der später durch weitere Varianten ergänzt wird. Dies gilt auch für grammatikalische Regeln, die erst mit dem allgemeinen Prinzip beginnen und im weiteren Verlauf mit Ausnahmeregelungen ergänzt werden.

→ Weisen Sie die TN immer wieder darauf hin, dass ein gut funktionierender Unterricht auf einem respektvollen Miteinander basiert. Jede TN sollte die Schwächen und Bedürfnisse der anderen respektieren und ihnen mit Geduld und Toleranz begegnen – auch dies gehört zum Lernprozess.

Partner- und Kleingruppenarbeit

Für einige Ältere ist das Lernen von und mit einem Partner ein neues Erlebnis. Die Partnerarbeit eignet sich jedoch besonders gut für ältere Lernerinnen, da sie sich in diesem Rahmen nur auf eine Person einstellen müssen und gemeinsam Antworten erarbeiten können. Sie ist auch eine ideale Vorbereitung für die Arbeit in größeren Gruppen oder im Plenum. Diese Vorteile gegenüber der Einzelarbeit und der Arbeit im Plenum sollte die KL aber auf jeden Fall erklären.

Mit der Zeit entwickeln sich Lieblingspartnerschaften in der Gruppe. Trotzdem sollte die KL hin und wieder etwas Abwechslung hineinbringen und die Zusammenarbeit mit verschiedenen Partnern anregen. So entstehen neue Lernhorizonte, Interessen und Anreize werden geweckt. Zusätzlich unterstützt dieser Wechsel die Anpassungsfähigkeit, die sich auch positiv auf das Alltagsleben auswirken kann.

Manchmal kann es jedoch sinnvoll sein, die „Lieblingspaare" zusammen zu lassen, z.B. bei der Einführung von neuem Lernstoff. Ein bekannter Partner vermittelt ein gewisses Sicherheitsgefühl und könnte das Lernen erleichtern.

Vor Beginn einer Partnerübung sollte die KL den TN ein wenig Zeit geben, um die „Zusammenarbeit" in Ruhe zu planen. Dies ist besonders wichtig, wenn

- TN mit einem noch fremden Partner eine Übung durchführen sollen,
- sie sich erst an die Stimme oder Aussprache des Partners gewöhnen müssen,
- Kenntnisse und Fähigkeiten sehr unterschiedlich sind.

Plant die KL hier keine zusätzliche Zeit ein, könnte eine gut gemeinte Partnerübung für einzelne TN zu einer Stresssituation werden. Dies gilt auch für die Gruppenarbeit.

Bei der Einteilung der Gruppen ist auf eventuelle Mobilitätseinschränkungen einzelner TN zu achten; in diesem Fall wechseln nur die beweglicheren TN den Platz. Die Häufigkeit des Platzwechselns sollte jedoch auf ein Minimum beschränkt werden. Zusätzlich ist abzuwägen, ob eine Aktivität eventuell lieber zu dritt als in Partnerarbeit durchzuführen ist.

Vorteile von Dreiergruppen
- Bei der Arbeitseinteilung kann leichter eine geeignete TN für mögliche Teilaufgaben gefunden werden, z.B. eine TN, die gern zeichnet.
- Mehr Personen liefern oft auch mehr Ideen und Anregungen. Die Gruppenarbeit wird dadurch interessanter und abwechslungsreicher.
- Die Chance auf einen guten Austausch ist höher, insbesondere wenn manche TN nicht gut hören können oder schwächere Kenntnisse haben. Defizite einzelner TN können von der Gruppe leichter aufgefangen werden.
- Wechselnde Gruppenkonstellationen innerhalb des Kurses erleichtern den Kontakt und ermöglichen den TN, sich besser kennenzulernen. Oft wird aus einer anfänglichen Verschlossenheit anderen gegenüber eine neue Freundschaft. Gelingt einer Gruppe die Aufgabe besonders gut, sollte die KL mit Lob nicht sparen!

Eine neue TN kommt in eine bestehende Gruppe

Eine neue TN könnte von einer langjährig zusammengehörenden Gruppe als störend empfunden werden. Um dies zu vermeiden, sollte die KL vom ersten Tag an integrierend einwirken.

Zuerst sollte sie sich vorstellen und an alle TN Namensschilder verteilen. Dann kann jede Einzelne (auch die neue TN) ein paar Worte über sich selbst und ihre Kursmotivation sagen. Die KL sollte kurz etwas über den bisherigen Kursverlauf, die Gruppe selbst und die vereinbarten Regeln erzählen.

Nach der Einstiegsrunde bietet sich ein sogenannter „Ice-breaker" an, d.h. eine Aktivität in Partner- oder Gruppenarbeit, bei welcher die neue TN andere Gruppenmitglieder auf eine für sie angenehmen Art und Weise leichter kennenlernen kann.

Nach der ersten Stunde sollte die KL die neue TN im Einzelgespräch fragen, wie die Gruppe auf sie gewirkt hat. Ältere Lernerinnen müssen sich oft an die Aussprache der anderen TN gewöhnen. Außerdem ist bei Gruppen, die über Jahrzehnte existieren, die Bindung zwischen den TN sehr ausgeprägt. Eine Gruppe, die zusammen älter geworden ist, zeigt oftmals eine große Toleranz gegenüber zunehmender (körperlicher wie mentaler) Schwäche. Neue und jüngere TN könnten damit Schwierigkeiten haben, die sie im Einzelgespräch mit der KL äußern können.

Eine neue KL übernimmt eine bestehende Gruppe

Gerade bei schon länger bestehenden Gruppen bedeutet ein Wechsel der Kursleitung für TN unserer Zielgruppe eine große Veränderung. Die KL sollte auf mögliche Anfangsschwierigkeiten vorbereitet sein, da sowohl sie als auch die TN sich an die neue Situation anpassen müssen. Die folgenden Hinweise könnten den Anpassungsprozess erleichtern:

Wechsel vorbereiten
Optimal wäre, wenn die bisherige und die zukünftige KL den Wechsel vorbereiten. Die neue KL erfährt so etwas über die Motivation, Vorlieben und Interessen der TN und wie der Unterricht bisher gestaltet wurde. Sie könnte im Idealfall sogar ein- oder zweimal in dem zukünftigen Kurs hospitieren, um sich vorzustellen und sich selbst ein Bild von der Gruppe zu machen. Die scheidende KL könnte z.B. auch ein Protokoll mit wichtigen Informationen über die Gruppe vorbereiten. Dieser Übergang sollte auch von der Weiterbildungseinrichtung unterstützt werden.

Gegenseitiges Kennenlernen
Von der ersten Stunde an sollte die neue KL offen über die veränderte Situation sprechen. Sie kann erklären, wie schwierig ein Neuanfang für beide Seiten ist und die Gründe dafür erläutern. Die TN werden sicherlich neugierig sein und viele Fragen stellen. Auch wenn diese Situation der KL wie ein Vorstellungsgespräch vorkommen wird, sollte sie souverän und entspannt bleiben und offen reden. Die KL muss sich Zeit nehmen, die neue Gruppe und ihre Dynamik kennenzulernen.

Änderungen in kleinen Schritten
Die neue KL sollte die TN fragen, wie sie bisher gearbeitet haben, welche ihre Vorlieben sind, ob bereits „Regeln" bestehen usw. Dies signalisiert den TN ein echtes Interesse und Respekt vor der bestehenden Gruppe. Diese Vorgehensweise ermöglicht aber auch, dass neue Lernelemente gemeinsam verhandelt werden. Die Gruppe hat womöglich feste Vereinbarungen bzw. Überzeugungen wie „Wir wollen

keine Hörübungen machen" oder „Wir haben nie mit einem Buch gearbeitet, wir wollen nur sprechen". Hier empfehlen sich das Erstellen einer ausführlichen Bedarfsanalyse sowie die Bereitschaft, Ziel und Zweck von Methoden und Übungsformen zu erklären. Am Anfang ist es wichtig, an die Methoden der vorherigen KL anzuknüpfen und Änderungen nur in kleinen Schritten einzuführen.

Feedback und Anpassung
Nach ein paar Unterrichtsstunden sollte die neue KL um Feedback bitten: Was gefällt den TN an ihrem Lehrstil und was nicht. Dies bietet ihr die Möglichkeit, ihre (eventuell neue) Unterrichtsform zu begründen oder – wenn sich Widerstand der TN zeigt – entsprechend anzupassen. Durch taktvolles Verhandeln von Seiten der KL kann es gelingen, eine ausgewogene Auswahl an Lernmethoden und Lehrmaterial zu verwenden und die TN zum „Anders-Lernen" zu inspirieren. (→ siehe Abschnitt: *Anders lernen lehren*) Eine solche Feedback-Phase sollte hin und wieder stattfinden – und nicht nur in kritischen Situationen.

Eine TN wird schwer krank oder stirbt

Diese Situation kann in Gruppen mit älteren Lernerinnen leider immer wieder vorkommen und unter Umständen einen Schock verursachen. Die KL sollte die TN behutsam informieren und ihnen genügend Zeit geben, im Plenum über ihre Gefühle zu sprechen. Als brauchbare Maßnahme gegen die Trauer kann sie eine Karte besorgen und ggf. eine Spende für Blumen etc. einsammeln. Bei Krankheit können Besuche organisiert werden. Im Todesfall könnte die KL oder eine nahestehende TN sich erkundigen, wann und wo die Beerdigung stattfindet, und eine Vertretung für die Gruppe bestimmen. Das traurige Ereignis sollte jedoch nicht Gegenstand der vollen Unterrichtstunde sein, insbesondere, da nicht jede TN von der Nachricht gleichermaßen berührt sein wird. Lenken Sie die Gedanken nach einer angemessenen Zeit wieder auf die aktuelle Lektion oder eine geplante Aktivität zurück. Erfahrungsgemäß werden im Laufe des Semesters immer wieder Gedanken über die fehlende Person geäußert. Die KL sollte dies zulassen. Wichtig ist, dass die verstorbene TN lange in liebevoller Erinnerung bleibt.

6. DIE GESTALTUNG DES UNTERRICHTS

Dieses Kapitel enthält praktische Hinweise für die Planung und Gestaltung eines Sprachunterrichts, der auf die Bedürfnisse und Lernziele unserer Zielgruppe eingeht.

Begonnen wird mit dem Aufbau einer Unterrichtsstunde, die in Phasen unterteilt wird. Für jede Phase werden Übungen vorgeschlagen, die ein produktives Arbeiten ermöglichen, ohne dass die TN dabei Stress, Unter- oder Überforderung empfinden. Die Punkte Wortschatzlernen und Vermittlung der Grammatik werden separat erläutert, da sie für unsere Zielgruppe besonders wichtig sind – allerdings auch spezielle Probleme verursachen können.

Die aufgeführten Hinweise haben sich in der Praxis mit älteren Lernerinnen sehr bewährt. Es ist jedoch immer von der jeweiligen Gruppe und der konkreten Situation abhängig, welche dieser Hinweise sich für das konkrete Unterrichtsgeschehen eignen.

Praktische Hinweise für den Aufbau einer Unterrichtsstunde

Eine Unterrichtsstunde dauert in der Regel 90 Minuten. Je höher das Durchschnittsalter der TN ist, desto vorteilhafter ist eine bestimmte Regelmäßigkeit in der Struktur der Unterrichtsstunden, auf die sich die TN einstellen können. Ein bekannter Rhythmus gibt Sicherheit und bringt Ruhe und Entspannung in den Unterricht. Dies heißt jedoch nicht, dass die Übungen immer gleich ablaufen sollen. Es gilt, eine Balance zwischen der regelmäßigen Struktur und den vielfältigen Lehr-Lernmethoden und Kursinhalten zu finden.

Bei der Planung des Unterrichtsaufbaus ist zu bedenken, dass Lernprozesse mit fortgeschrittenem Alter möglicherweise langsamer – aber auch strukturierter – geworden sind. Nur durch gezieltes Beobachten der Gruppe kann die KL erkennen, wie leistungsfähig ihre TN sind, und dadurch sicherstellen, dass sie die Lernfähigkeit weder unter- noch überschätzt. Sie sollte genau abwägen, was wirklich machbar ist, und die eigenen Ansprüche, Wünsche und Erwartungen mit denen der TN abgleichen. Auf der Basis dieser Beobachtungen kann die KL den Unterrichtsplan gestalten und durch Gewichtung der Themen den Unterricht anpassen.

Die Unterrichtsstunden können mithilfe eines Planungsbogens[18] gestaltet werden. Er verschafft der KL einen guten Überblick über die Übungsformen der jeweiligen Stunde und hilft, den einzelnen Lerntypen gerecht zu werden. (→ siehe Abschnitt: *Lerntypen*)

18 Ein Beispiel für einen Planungsbogen befindet sich im Handbuch „Leitfaden für Sprachkursleiter", erschienen im Hueber Verlag (2009). Ismaning. Zu finden unter: http://www.hueber.de

Als sehr praktikabel erweist sich auch bei dieser Zielgruppe die Aufteilung in drei Phasen.

1. Anfangsphase („aktivierende Phase")

2. Hauptphase („aktiv lernende Phase")

3. Schlussphase („Wiederholungsphase")

Besonders bei älteren Lernerinnen ist es wichtig, dass diese Phasen ineinander übergehen und Zusammenhänge erkennbar sind (Anknüpfungs-Prinzip). Wichtig ist auch ein Wechsel zwischen Konzentrations- und Entspannungsphasen.

Die erste und die letzte Phase sollten immer dem gleichen Zweck dienen: z. B. freies Erzählen am Anfang einer Runde und Besprechung der Hausaufgabe am Ende. Die einzelnen Lernziele sollten erreichbar sein und gleich zu Beginn des Unterrichts an die Tafel geschrieben werden. Dies erhöht die Aufnahmefähigkeit und macht das Vorgehen transparent.

_____ TIPP ____

Kontrollieren Sie nach dem Unterricht anhand des Unterrichtsplans, ob die gelernten Inhalte den geplanten Lernzielen entsprochen haben. Folgende Fragen könnten dabei hilfreich sein:

- War das Tempo richtig?
- Entsprach der Inhalt dem Lernniveau der TN?
- Haben die TN genügend Übungsmöglichkeiten gehabt?
- Wo haben sie noch Schwierigkeiten und damit weiteren Übungsbedarf?

Praktische Hinweise für die Anfangsphase

Bei unserer Zielgruppe hat es sich bewährt, die Unterrichtsstunde entweder mit einfachen Sprech- oder auch Konzentrations- und Entspannungsübungen zu beginnen.

Konzentrations- und Entspannungsübungen

Der Faktor Stress ist auch bei älteren Menschen gegeben, unter anderem aufgrund der nachlassenden körperlichen Leistung. Mit zunehmendem Alter bedarf es je nach Tagesform eines größeren Zeitaufwandes für die täglichen Aufgaben, und der Weg zur Weiterbildungsinstitution – vor allem in der Stadt – kann zu einer anstrengenden Angelegenheit werden. Hinzu können vorangegangene Geschehnisse und familiäre Ereignisse kommen, die die TN ermatten oder aufregen.

Eine Phase der Entspannung wirkt Wunder. Wichtig sind ein gut gelüfteter Raum und ein angenehmes Licht. Ankommende TN sollten in Ruhe ihre Unterlagen auspacken und mit den Nachbarn ein paar Worte austauschen können. Bei Unterrichtsbeginn sollte jede TN nun bequem sitzen und die Augen schließen. Im Hintergrund kann angenehme Musik laufen – allerdings nur instrumentale Musik, da die TN sonst mit „Text verstehen wollen" beschäftigt sind. Diese Phase sollte nicht länger als fünf Minuten dauern.

Eine andere Einstiegsmöglichkeit wäre eine Konzentrationsübung. Die KL schreibt ein Schlüsselwort aus der aktuellen Lektion an die Tafel und bittet die TN, dazu passende Begriffe zu nennen. Die KL notiert diese in großen Buchstaben und übersichtlich an der Tafel. Dann bekommen die TN ca. eine Minute lang Zeit, um sich diese Begriffe einzuprägen, bevor die KL die Tafel schließt oder die Wörter auf andere Weise verdeckt. Nun schreiben die TN auf einem Blatt alle Wörter auf, die sie sich gemerkt haben.

KL, die Erfahrung mit konzentrationsfördernden Bewegungsübungen haben, können die Stunde auch mit einer leichten Körper- oder Atemübung beginnen. Allerdings müssen dabei eventuelle körperliche Einschränkungen der TN berücksichtigt werden.

Aktivierende Sprechübungen

Die erste Viertelstunde dient dem ungezwungenen Sprechen im Plenum oder in kleinen Gruppen. Ziel ist, dass die TN gleich von Anfang an ihre Hemmungen abbauen, sich in der Fremdsprache zu äußern. Diese Phase ist vergleichbar mit dem „Warm-up" beim Sport. Die jeweilige Übungsform hängt von der Sprachstufe ab.

- Für Anfängerkurse kann eine Frage-Antwort-Runde mit den bekannten Redewendungen stattfinden.
- Ab Niveau A1 kann die KL nach und nach das freie Sprechen einführen, indem sie Fragen und Sätze an die Tafel schreibt, die sozusagen als Leitfaden zur einfachen Diskussion dienen. Sobald die TN die Vergangenheits- und Zukunftsformen gelernt haben, können besondere Anlässe (Urlaub, Feiertage) für das freie Sprechen genutzt werden.
- Ab dem Niveau A2 kann der Kurs in Gruppen aufgeteilt werden. Jede Gruppe zieht eine Karte, auf der ein bereits durchgenommenes Thema steht (Urlaub, Essen, Reise, Bücher, Musik, TV usw.), und spricht frei darüber.
- Ab dem Niveau B1 können aktuelle Themen aus dem Zielland besprochen und z.B. mit dem Heimatland verglichen werden.

Für alle Stufen gilt: In dieser Anfangsphase haben die TN das Wort. Im Vorfeld sollte vereinbart werden, ob Feedback und Korrekturen von Seiten der KL erwünscht sind oder nicht. Sinnvoll wäre jedoch, auf Fehlerkorrekturen zu verzichten. Ziel ist ein „Warm-up" und freies Sprechen. Hört die KL manche Fehler allerdings mehr als einmal, so kann sie dazu in der nächsten Stunde gezielte Grammatik- oder Wortschatzübungen durchführen.

Praktische Hinweise für die Hauptphase

In der Hauptphase findet die Hauptaktivität der Unterrichtsstunde statt. Hier geht es um die (am Anfang der Stunde an die Tafel geschriebenen) Ziele. Die Lernwünsche bzw. -bedürfnisse der TN bestimmen, wie in dieser Phase gearbeitet wird, z.B. die Fortsetzung der Arbeit mit dem Buch, eine Lektüre mit Übungen, grammatikalische Erklärungen, Wortschatzübungen, Hörtexte usw. In dieser Phase werden die Fortschritte der Lerngruppe überprüft sowie neue Lerninhalte präsentiert und angewendet. Hier sei noch einmal betont, dass das Lernpaket „klein aber fein" sein sollte – also nicht zu viel Lernstoff, aber viel Übungszeit einplanen. Alle TN sollten am Ende dieser Phase die vereinbarten Ziele erreicht haben.

Hören

Ältere Lerner mit Höreinschränkungen haben mit manchen Hörübungen große Schwierigkeiten, insbesondere, wenn die Übungen Hintergrundgeräusche oder überlappende Stimmen enthalten bzw. wenn die Abspielzeit sehr lang ist. Bei Problemen sollte die KL das Abspielgerät an einen anderen Platz stellen oder betroffene TN in der Nähe des Gerätes Platz nehmen lassen. TN mit sehr großen Hörschwächen kann die KL empfehlen, die Tonaufnahmen von Lehrbuch-Texten vorher zu Hause anzuhören, und/oder die Texte während des Hörtextes mitzulesen.

Vorbereitung der Hörübung
→ Das Hören von Texten soll Spaß machen und den TN das Gefühl geben, dass sie auch Gesprochenes verstehen. Betonen Sie, dass auch im Deutschen Aussagen anderer nicht immer genau verstanden werden, ein Gespräch anhand bestimmter Wörter aber mitverfolgt werden kann.

→ Vor der Durchführung müssen Sie die TN sowohl auf die Übungen/Fragen des Hörverständnisses als auch auf das Thema und (bei Bedarf) das Vokabular vorbereiten. Schreiben Sie wichtige Schlüsselwörter und Strukturen an die Tafel, sodass diese während des Hörens sichtbar sind. Stellen Sie sicher, dass der Kontext klar ist.

→ Beim ersten Hören bedarf es keiner konkreten Aufgabe, da es für die TN von Vorteil ist, sich zuerst an die Geschwindigkeit und an die Stimmen zu gewöhnen. Danach sollte die Aufgabenstellung erläutert werden, z.B. bestimmte Informationen heraushören. Schreiben Sie diese (bei Bedarf) stichpunktartig an die Tafel. Vergewissern Sie sich, dass jede TN weiß, welche Informationen sie heraushören soll.

Durchführung der Hörübung
→ Prüfen Sie im Vorfeld die Länge des Hörtextes. Ist er zu lang, können Sie ihn in sinnvolle Abschnitte teilen und nacheinander abspielen. Das erste Hören könnte ohne Unterbrechung geschehen; beim zweiten Abspielen gehen Sie in Abschnitten vor, z.B. zuerst Abschnitt 1, dann Abschnitte 1 und 2, dann 1, 2 und 3 usw. Am Ende können Sie den Hörtext noch einmal komplett vorspielen.

→ Geben Sie den TN nach dem Hören die Möglichkeit, die Aufgaben paarweise zu besprechen, bevor Sie sie im Plenum kontrollieren. Es verschafft ihnen Sicherheit und bietet TN mit Hörschwächen die Möglichkeit, eventuelle Defizite auszugleichen.

Nach der Hörübung
→ Verknüpfen Sie die Übungen mit zusätzlichen Aktivitäten, z.B. ein Puzzle mit Fragen und Antworten, Kreuzworträtsel mit Schlüsselwörtern, Rollenspiele usw. So stellen Sie sicher, dass die Inhalte des Hörtextes verstanden wurden.

Lesen

Lesen ist ebenfalls eine sehr wichtige Aktivität für das Lernen einer Fremdsprache. Besonders für Ältere bietet sie zwei Vorteile: Die TN haben mehr Zeit und können vorhandene Vorkenntnisse einbringen.

Vorbereitung des Lesetextes
→ Stellen Sie sicher, dass Sie genügend Kopien haben, damit sich nicht zwei TN ein Blatt teilen müssen. In der Regel hilft es den TN, wenn der Text übersichtlich gestaltet ist: große Buchstaben, luftiger Abstand zwischen den Zeilen, nummerierte Sätze und kürzere Absätze. Das Textverständnis erhöht sich, wenn Sie den Text einmal mit der richtigen Betonung vorlesen.

→ Auch Bilder, die nicht zu klein sein sollten, wirken unterstützend. Lassen Sie die TN genau beschreiben, was sie auf einem Bild sehen und was ihnen dazu einfällt. Kombinieren Sie einen Text möglichst immer mit einer Aufgabe („gezieltes Lesen"), z.B. mit einem Fragebogen, der das globale Verständnis erleichtert (Aussagen mit „stimmt / stimmt nicht", Multiple-Choice-Aufgaben, Umschreibungen etc.). Sofern das Lehrbuch kein geeignetes Material bietet, können Sie im Vorfeld selbst eine Übung erstellen.

Lesen des Textes
→ Bei Anfängern helfen Hinweise, wo im Text die Antworten zu finden sind. Dies gibt den TN eine deutliche und klare Orientierungshilfe.

→ Geben Sie den TN genügend Zeit, um den Text (leise) alleine zu lesen und die Aufgabenstellung zu bearbeiten. Achtung: Die gelernte Faustregel "Fremdsprachenlerner brauchen beim Lesen doppelt so viel Zeit wie Muttersprachler" reicht bei Älteren oftmals nicht aus.

→ Kontrollieren Sie die Aufgaben im Plenum. Danach können die TN den Text laut vorlesen. Stellen Sie weitere Fragen zum Text, um das Verständnis zu kontrollieren.

Nach dem Lesen

→ Nach dem Lesen können Sie (wie bei der Hörübung) eine einfache Aktivität mit dem Wortschatz oder den Informationen des Lesetextes durchführen bzw. als Hausaufgabe stellen. Dies hilft den TN, den neuen Wortschatz zu festigen.

Sprechen

Ältere Menschen haben im Laufe ihres Lebens viel erlebt und berichten für gewöhnlich gern darüber, z.B. über ihre erste Wohnung, Arbeit oder Liebe, die Herkunft eines persönlichen Gegenstands, oder Erinnerungen an eine gerade erlebte Reise. Das Einbringen der eigenen Erfahrung ist in jeder Lektion möglich und wünschenswert. Es bedarf jedoch einer gründlichen Vorbereitung, z.B. gelenkter Übungen, die die nötigen sprachlichen Inhalte wiederholen und festigen. Speziell ältere Lernerinnen benötigen mehrere dieser Übungen, vor allem, wenn es sich um eine neue grammatikalische Form handelt, die sehr komplex oder ganz anders ist als in ihrer Muttersprache. Die KL sollte die im Lehrwerk angebotenen Übungen prüfen und ggf. durch eigene ergänzen.

Vorbereitung des Wortschatzes und grammatikalischer Strukturen

→ Präsentieren Sie den Wortschatz im Kontext und durch verschiedene Sinneskanäle. Ideal wäre es, wenn die TN einen persönlichen Bezug zum Lernstoff finden können. (→ siehe Abschnitt: *Wortschatzlernen mit Verknüpfung*)

→ Festigen Sie das Wissen durch weitere Aktivitäten, bei denen die TN den Lernstoff systematisch anwenden können. Geeignet sind Partnerübungen, bei denen die TN anhand vorgegebener Strukturen verschiedene Informationen erfragen – z.B.: Partner A und Partner B erhalten je ein (fast gleiches) Arbeitsblatt. Bei jedem fehlen jedoch bestimmte Angaben, die der andere kennt. Durch gegenseitiges Fragen können die Partner ihre Informationen ergänzen. Die systematische Anwendung des Lernstoffes hilft, das Schema besser ins Gedächtnis einzuprägen. Gleichzeitig bietet diese Übung einen Musterdialog bzw. Mustersätze für die anschließende Phase des freien Sprechens. Diese Aktivität kann auch als mündliches Kreuzworträtsel praktiziert werden. (→ siehe: *Anlage 3 – Beispiel einer Kreuzworträtsel-Übung zur Wortschatzauffrischung*)

Das freie Sprechen

→ Im Anschluss an die Vorbereitung erfolgt die Transferphase. Diese kann in Form von Meinungsäußerungen, Anekdoten, Rollenspielen, Vorträgen etc. durchgeführt werden. Formulieren Sie gezielte Fragen, die Erlebtes aufgreifen und die TN ermutigen, etwas zu erzählen. Damit eine TN die volle Aufmerksamkeit der Gruppe erhält, müssen Sie bestimmte Regeln festlegen.

Die TN müssen

- laut und deutlich sprechen (insbesondere in Richtung der TN mit Hörproblemen),
- ihre Wortbeiträge nacheinander vortragen,
- sich vergewissern, dass sie von allen verstanden werden (Blickkontakt halten und Pausen einlegen).

Die TN dürfen nicht

- sofort übersetzen, wenn sie nicht verstanden werden,
- zu lange reden (da sonst nicht jeder drankommt).

→ Weisen Sie die TN außerdem darauf hin, dass es nicht tragisch ist, wenn ihnen ein Wort nicht einfällt. Dies kommt mit zunehmendem Alter immer häufiger vor – auch in der Muttersprache – und kann durch Umformulieren des Satzes gelöst werden. Besprechen Sie mit Ihren TN ggf. Strategien, wie man einen Satz erfolgreich umformulieren kann.

Schreiben

Schreibübungen sind – genau wie das Sprechen – eine gute Gelegenheit, das Gelernte in Form von Briefen, Berichten oder autobiografischen Texten umzusetzen. Eine besonders effektive Form für ältere Lernerinnen ist das kreative Schreiben unter Einbeziehung der Lebenserfahrung der TN. Das kreative Schreiben schafft eine Atmosphäre, in der die TN ihre Potenziale als denkende, schöpferische und fühlende Individuen besser wahrnehmen können. Es ermutigt, etwas weiterzudenken und dabei die Fantasie spielen zu lassen. Es eignet sich besonders als Hausaufgabe oder als Gruppenarbeit im Kurs.[19]

Besonders motivierend wirkt das Erstellen von Rätseln, in denen die TN etwas beschreiben, das von dem Rest der Gruppe erraten werden soll, z.B. einen Ort, eine Person, ein Tier, einen Gegenstand oder ein Gemälde. Alternativ können auch Fotos von Personen herangezogen werden, zu deren Identität/Charakterzügen eine Geschichte geschrieben wird. Selbst Alltagssituationen wirken interessant, wenn sie aus der Perspektive einer fiktiven Person dargestellt werden.

19 Weitere Informationen und Schreibanlässe finden Sie in dem Buch „Kreativ Schreiben" von Jutta Wolfrum, erschienen im Hueber Verlag (2010). Ismaning. Zu finden unter: http://www.hueber.de

Ein weiterer Anlass, um die Kreativität zu fördern, wäre die Beschreibung eines fiktiven Ortes. Nach dem Prinzip des handlungsorientierten Lernens werden die TN in Gruppenarbeit animiert, eine eigene Welt zu gestalten. Neben der Schreibaufgabe können sie selbst ein Bild zeichnen oder Bilder aus Zeitschriften benutzen, Gebäude entwerfen und diese mit Kärtchen und Büroklammern visualisieren, Tischdekorationen oder fiktive Geräte erfinden etc. Das gemeinsame Bearbeiten in Kleingruppen bewirkt, dass Handlung und Sprache stets eng verbunden sind. Es werden verschiedene Sinne angesprochen, wodurch den TN dieses Erlebnis stärker in Erinnerung bleiben wird. (→ siehe Abschnitt: *Anders lernen durch handlungsorientierte Aufgaben*)

TIPP

Eine Fantasiegeschichte schreiben

Teilen Sie die Klasse in kleine Gruppen. Jede Gruppe zieht vier oder fünf Wörter, die als Schlüsselwörter für eine Geschichte fungieren. Innerhalb einer begrenzten Zeit (mind. 20 Minuten) sollen die TN mit ihren Wörtern eine Geschichte schreiben. Bestimmen Sie die Länge der Geschichte, z.B. mindestens zwei Sätze pro Wort. Die Geschichten können entweder von den TN oder von Ihnen selbst vorgelesen werden.

Als Variante kann das Schreiben der Geschichte auf verschiedene Gruppen aufgeteilt werden. Jede Gruppe zieht zwei Wörter, schreibt den Anfang einer Geschichte (max. fünf Minuten) und reicht diese dann an die nächste Gruppe weiter. Danach zieht jede Gruppe wieder zwei Wörter, mit denen sie die gerade erhaltene Geschichte weiterschreibt. Die Geschichte sollte so viele Teile wie Gruppen haben (z.B. fünf Gruppen, fünf Teile) oder einen Teil mehr, sodass jede Gruppe das Ende der von ihnen angefangenen Geschichte schreibt (z.B. fünf Gruppen, sechs Teile).

Praktische Hinweise für die Schlussphase

Hausaufgaben stellen

Erfahrungsgemäß wünschen sich die meisten älteren TN jede Woche (und auch über die Ferien) Hausaufgaben. Zur Festigung des Lernstoffes bieten Hausaufgaben die beste Möglichkeit, sich auch zu Hause weiter mit der Sprache zu befassen.

Art der Hausaufgaben
→ Die Hausaufgaben können in zwei Kategorien aufgeteilt werden: entweder als reine Übung oder als freie Sprachanwendung. Bei der ersten Kategorie geht es um die Festigung einzelner Lerninhalte, z.B. geschlossene Aufgaben oder

Übungen aus dem Lehrbuch für Wortschatz und Grammatik. Die zweite Kategorie fördert das Üben im selbstständigen (freieren) Umgang mit der Sprache. Achten Sie auf eine ausgewogene Mischung beider Kategorien. Außerdem sollte die Aufgabenstellung einen Bezug zum aktuellen Thema des Kurses haben.

Stellen der Hausaufgaben

→ Achten Sie darauf, dass alle Anweisungen eindeutig und gut verständlich sind (bei Bedarf Erklärung auf Deutsch). Schreiben Sie die Aufgabenstellung immer an die Tafel. So verhindern Sie, dass TN (mit oder ohne Hörproblemen) wertvolle Hinweise und Erklärungen verpassen. Selbst wenn die Arbeitsanweisungen im Buch oder auf dem Übungsblatt stehen, werden sie von einigen TN nicht wahrgenommen bzw. nicht verstanden.

→ Lassen Sie die TN bei freien Schreibaufgaben einige Beispiele nennen. Dies mindert eventuelle Ängste vor einer Aufgabe bzw. negative Gedanken wie „Das kann ich nicht", „Ich habe keine Fantasie" oder „Ich habe nichts zu berichten".

Hausaufgaben kontrollieren

Da Hausaufgaben sowohl für die TN als auch für die KL mehr Aufwand bedeuten, sollten sie eine besondere Wertschätzung erfahren. Während sich formale (grammatikalische) Übungen leicht im Plenum korrigieren lassen, erhöht sich bei den freieren Schreibaufgaben der Arbeitsaufwand.

Formale (grammatikalische) Übungen
→ Fordern Sie die TN auf, ihre Ergebnisse zuerst paarweise zu vergleichen. So können sie manche Fehler gleich selbst korrigieren. Danach erfolgt die Kontrolle im Plenum.

→ Lassen Sie die TN hin und wieder ausgewählte Strukturen erklären. So können Sie prüfen, ob die TN die Regel korrekt verstanden haben. Ist dies nicht der Fall bzw. haben die TN in dieser Übung viele Fehler gemacht, sollten Sie für die nächsten Kursstunden zusätzliche Übungen/Aktivitäten einplanen.

Freie Schreibaufgaben
→ Sammeln Sie die geschriebenen Arbeiten ein, um sie zuerst zu Hause zu korrigieren. Ideal wäre es, den Text zu kopieren und die Korrekturen nur auf der Kopie zu notieren. Im Original müssen Sie die Fehler nur unterstreichen, sodass die TN diese selbst beheben können. Verwenden Sie möglichst keinen roten Korrekturstift; manche TN verbinden damit schlechte Erinnerungen aus der Schulzeit. Motivierend wirkt z.B. ein persönlicher Kommentar unter dem Text. Animieren Sie die TN außerdem, ihren Text nochmals ins Reine zu schreiben (z.B. im Lerntagebuch).

→ Besonders gelungene Hausaufgaben (in korrigierter Form) könnten Sie nach Absprache mit der Gruppe in regelmäßigen Abständen vorlesen (lassen), z.B. alle ein bis zwei Wochen eine Geschichte. Auf Wunsch könnten Sie manche Arbeiten sogar kopieren und an die anderen TN austeilen. Dies ehrt die jeweiligen Autorinnen und könnte die anderen TN zum Nachahmen anregen. „Gut" heißt in diesem Fall vor allem interessant – auch wenn es sprachlich nicht perfekt ist. Ein weiterer Vorschlag wäre, gelungene Arbeiten mit Datum und Namen zu sammeln und sie am Ende an die Gruppe auszuteilen. Sehr motivierend wäre eine gebundene Sammlung für alle TN.

Umgang mit nicht erledigten Hausaufgaben

→ Es kommt vor, dass TN die Hausaufgaben nicht oder nur teilweise erledigen. Fragen Sie die TN, warum sie die Aufgaben nicht erledigt haben. Ist Zeitmangel das Problem, können Sie eventuell Lerntipps geben. (→ siehe Abschnitt: *Hausaufgabentipps für Kursteilnehmerinnen*) Haben die TN die Befürchtung, zu viele Fehler zu machen, sollten Sie darauf hinweisen, dass das freie Schreiben in der Fremdsprache tatsächlich die schwerste Herausforderung ist. Außerdem können fantasievolle Geschichten oder Berichte durchaus interessant sein, auch wenn sie grammatikalische Fehler enthalten.

→ TN, die womöglich schon immer „Hausaufgabenmuffel" gewesen sind, können Sie durch das Bilden kleiner Arbeitsgruppen zum Mitmachen bewegen. TN, die sich vom vorgegebenen Thema nicht inspiriert fühlen, können Sie vorschlagen, über ein Thema ihrer Wahl zu schreiben.

Lob

→ Alle Lernenden brauchen Erfolgsmomente. Achten Sie darauf, dass jede TN hin und wieder – und auch von anderen TN – für ihre Leistung gelobt wird. Eine solche Anerkennung motiviert die TN, sich auch beim nächsten Mal anzustrengen, um wieder eine solche „Glanzleistung" zu vollbringen.

Hausaufgabentipps für Kursteilnehmerinnen

Die folgenden Lern- und Hausaufgabentipps für TN haben sich in der Praxis bewährt.

Lernstunden einplanen

- Feste Termine für das Lernen zu Hause einplanen und auch einhalten.
- Länge der Lernstunde vorher bestimmen und einhalten.
- Zwei bis drei kurze Termine pro Woche (ca. 20 bis 30 Minuten) sind besser als ein einziger von einer Stunde Dauer (Grund: nachlassende Konzentration und Wiederholungsphasen).
- Zeitpunkt so wählen, dass man sich gut konzentrieren kann und nicht unterbrochen wird.

Lernplatz gestalten
- Einen ruhigen Arbeitsplatz suchen.
- Benötigte Arbeitsmaterialien bereitstellen (z.B. Buch, CD-Player, PC, Übungs- und Hausaufgabenheft, Wörterbuch).
- Eventuell eine kleine Pinnwand oder Magnettafel verwenden.

Konzentration vor dem Lernen erhöhen
- Die eigene Lernstunde mit einer Übung zum Entspannen und Abschalten beginnen, z.B. ein Musikstück hören oder ein Bild aus der Lektion genau anschauen und sich dieses mit geschlossenen Augen vorstellen. Diese Übung befreit von anderen Gedanken und hilft, sich auf das Lernen zu konzentrieren.

Lernen immer auch unterwegs
- Auch unterwegs können viele Dinge in der Fremdsprache gedanklich beschrieben werden, z.B. die jeweilige Situation, in der man sich befindet etc.

Wortschatzlernen mit Verknüpfung

Ob das Abrufen schon gelernter Informationen erfolgreich gelingt, hängt größtenteils davon ab, wie Vokabeln beim Lernen gespeichert wurden, z.B. durch Aktivitäten und Assoziationen. Je intensiver die Lernerin sich mit dem Lernstoff beschäftigt und ihn mit persönlichen Erfahrungen verknüpft, desto besser kann das Wissen später abgerufen werden.

Vorwissen aktivieren
→ Fragen Sie die TN, ob sie in ihrer oder in einer anderen Sprache ein ähnliches Wort kennen. Helfen Sie bei Bedarf mit Hinweisen bzw. erklären Sie das Wort mithilfe von Synonymen und Antonymen. Falls die TN „falsche Freunde" *(engl. false friends)* erwähnen, müssen Sie die verschiedenen Bedeutungen erläutern.

Merkhilfen
→ Erkundigen Sie sich, wie die TN die neue Vokabel verstehen. Dies ist besonders wichtig, weil Wörter oft falsch interpretiert werden und dann fehlerhaft in Erinnerung bleiben.

→ Ermutigen Sie die TN, sich eine Merkhilfe (Eselsbrücke) zu neuen Begriffen zu schaffen, indem z.B. ein Satz aufgeschrieben wird, der dieses Wort mit dem eigenen Erleben verbindet. Auch anekdotische, historische und interkulturelle Informationen über bestimmte Wörter prägen sich bei älteren Lernerinnen besonders gut ein. Eine weitere Möglichkeit wäre das Bilden von Wortfamilien.

→ Wenn die Gruppe sich gut kennt, können Sie neuen Wortschatz auch in Verbindung mit TN-Informationen einführen, z.B. die Vornamen verwenden. Durch Sätze wie „Helga geht jede Woche schwimmen" oder „Werner hat seine Ferien in der Bretagne verbracht" fühlen sich die TN persönlich angesprochen. Aber Vorsicht: Sehr private oder emotionale Details über die TN dürfen nicht vorkommen!

Lerntipps einführen – Beispiel: Vorwissen aktivieren

Hier ein Beispiel, wie ein Lerntipp anhand einer Unterrichtsaktivität eingeführt werden kann. In diesem Fall ist es der Lerntipp „Vorwissen aktivieren" innerhalb des Themengebietes „Essen und Trinken".

1. Einführung

   Präsentieren Sie eine Liste von Wörtern zu einem Oberbegriff wie „Lebensmittel", z.B. Orangen, Tomaten, Reis. Fragen Sie die TN, welche Wörter ihnen geläufig sind bzw. hergeleitet werden können, da sie in der Muttersprache oder in anderen Fremdsprachen ähnlich sind.

   Schreiben Sie die genannten Wörter an die Tafel und empfehlen Sie, auch beim zukünftigen Wortschatzlernen stets nach Ähnlichkeiten mit bereits bekannten Wörtern zu suchen.

2. Wiederholung

   Fragen Sie die TN im weiteren Unterrichtsverlauf nach typischen Gerichten des Ziellandes und den zugehörigen Zutaten, um den Wortschatz im Kontext zu wiederholen. Weisen Sie erneut auf mögliche Ähnlichkeiten hin.

   Fordern Sie die TN zur selbstständigen Anwendung des Lerntipps bei einer Hausaufgabe auf. Ein Beispiel wäre das Anfertigen einer Liste mit Wörtern aus dem Bereich „Essen und Trinken", die ähnlich lauten wie in der Muttersprache oder einer anderen Fremdsprache.

3. Erfolgskontrolle

   Fragen Sie die TN am Anfang der nächsten Unterrichtsstunde, welche Wörter sie behalten haben und schreiben Sie diese an die Tafel. Erkundigen Sie sich, ob die TN sich die Wörter besser merken konnten, weil sie einen Bezug zu ihrem Vorwissen hatten.

Wortschatz wiederholen

Die KL sollte jede Woche – möglichst immer in derselben Unterrichtsphase (nicht in der Aufwärmphase) – 10 bis 15 Minuten für Wiederholungen einplanen, damit sich neue Wörter im Langzeitgedächtnis einprägen (z.B. nach dem Prinzip des Vokabeltrainers phase-6[20]). Die TN werden diese Routine begrüßen.

20 Siehe: https://www.phase-6.de/opencms/Homepage

In einer kurzen Übung könnte z.B. der Unterrichtsstoff, der vier Wochen zurück-
liegt, wieder abgefragt werden. Eine ähnliche Wiederholung folgt nach weiteren
zwei Wochen.

Wichtig ist, dass die TN beim Wortschatzlernen nicht gleich alle Wörter auf einmal
präsentiert bekommen. Es reicht, mit einigen wichtigen Wörtern zu beginnen, zu
denen mit der Zeit weitere hinzukommen.

Die folgenden Wiederholungsübungen haben sich in der Praxis bewährt. Sie aktivieren das implizite (unbewusste) Gedächtnis[21], welches sich auch mit zunehmendem Alter nicht verschlechtert.

Übungen für das Wortschatztraining

Wortschatzwiederholung im Kontext
- Die KL bildet kleine Gruppen und fordert die TN auf, sich mit geschlossenen
  Augen eine bestimmte Situation vorzustellen, z.B. einen Sonnenuntergang am
  Meer, einen Wald im Winter, zwei Menschen im Restaurant, viele Kinder auf
  dem Spielplatz usw. Nachdem die TN die Situation visualisiert haben, sollen
  sie den Wortschatz der Situation schriftlich wiederholen. Hier arbeitet entweder
  die gesamte Gruppe mit dem ganzen Wortschatz, oder die einzelnen TN konzentrieren sich jeweils auf eine Wortgruppe, z.B. sucht TN 1 nur Substantive,
  TN 2 sucht Verben, TN 3 sucht Adjektive usw.

- Geben Sie den TN maximal fünf Minuten Zeit. Im Anschluss werden alle gefun-
  denen Wörter an die Tafel geschrieben; verschiedene Wortarten könnten in verschiedenen Farben visualisiert werden. Fordern Sie die TN auf, sich eine Liste
  mit allen wiederholten Wörtern anzufertigen.

Das große Spiel der Adjektive
- Die TN spielen in Gruppen (Mannschaften) gegeneinander. Ziel des Spiels ist
  das Wiederholen der Adjektive. Jede Mannschaft hat fünf Minuten Zeit, sich an
  so viele Adjektive wie möglich zu erinnern. Bietet die Tafel genug Platz, kann
  sie in mehrere Teile aufgeteilt werden (so viele Teile wie Gruppen), sodass die
  TN ihre Wörter dort aufschreiben können. Am Ende werden Punkte vergeben.
  Für jedes gefundene Adjektiv gibt es einen Punkt, für Gegensätze drei Punkte
  (z.B. gut/schlecht, kalt/warm, hell/dunkel). Adjektive, die nur bei einer Gruppe
  vorkommen, erhalten einen Zusatzpunkt.

---

21 Unsere bewussten Erinnerungen werden in einem Teil des Gehirns (dem Hippocampus) gespeichert, der als
explizites Gedächtnis bezeichnet wird. Was wir in unserer frühesten Kindheit erleben, wird in das implizite Gedächtnis eingeprägt (Priming) und bleibt bis ins Erwachsenenalter erhalten. (Vgl. http://lexikon.stangl.eu/2285/
implizites-gedaechtnis)

Wortschatz nach Themen

- Die KL stellt Fragen, wie z. B.:

  „Welche Gebäude finden wir in einer Stadt?"

  „Was kann man in einem Supermarkt kaufen?"

  „Welche Eigenschaften haben die Personen aus der Lektion X?"

Karteikärtchen nach Themen erstellen

- Auf einer DIN-A5-Karte werden Begriffe, Sätze oder Redewendungen notiert, die zu einer bestimmten Sprechabsicht gehören, z. B. Fragen beim ersten Kennenlernen, über die Ferien berichten, über Zahlen reden usw. Später wird die jeweilige Karte entsprechend ergänzt.

Ergänzungs-Übungen

- Die KL gibt einige Buchstaben vor und die TN ergänzen die Wörter. Hier ein Beispiel aus dem Englischunterricht: Behandelt wird das Thema *„towns"* und die Wörter sind *„sta_____"* (station), *„sup_____"* (supermarket), *„p____ o_____"* (post office).

„Laufendes Alphabet"

- Wenn TN nicht mehr wissen, wie ein Wort anfängt, können sie gedanklich das Alphabet durchgehen. Eventuell fällt ihnen das Wort wieder ein, sobald sie bei dem richtigen Anfangsbuchstaben ankommen. Visuelle Lernerinnen stellen sich die Buchstaben im Kopf vor; auditive Lernerinnen können das Alphabet laut vor sich hersagen.

„Stadt – Land – Fluss"

- Die KL schreibt eine Liste mit Kategorien an die Tafel, die in früheren Lektionen vorgekommen sind, z. B. Verkehrsmittel, Länder, Farben, Tiere, Teile der Wohnung u. ä. Dann wird ein zufälliger Buchstabe ausgewählt. Die TN sollen zu jeder Kategorie ein Wort mit diesem Anfangsbuchstaben finden. Wer zuerst fertig ist, sagt „Stopp". Es gibt nur Punkte für Wörter, die die anderen nicht genannt haben.

„Tabu"

- Für dieses Spiel müssen Kärtchen erstellt werden: Jedes Kärtchen enthält einen übergeordneten Begriff, wie z. B. Brille. Darunter stehen vier bis fünf beschreibende Wörter, wie z. B. Glas, Gestell, Optiker, kurzsichtig.

  Eine TN nimmt sich eine Karte und versucht, den Oberbegriff ohne Verwendung der aufgeführten Wörter zu beschreiben. Erlaubt sind mündliche Erklärungen, Gestik, Mimik oder Zeichnungen. Die anderen TN müssen erraten, um welchen Oberbegriff es sich handelt.

„Memory®"

- Dieses Spiel besteht aus vielen Kärtchen. Immer zwei Karten bilden ein Paar: ein Bild und ein Wort, ein Wort und eine Erklärung etc. Die TN müssen die Paare finden, z.B. indem eine TN ein Kärtchen mit dem Bild nimmt und das Kärtchen mit dem passenden Namen sucht oder umgekehrt.

Lieder

- Eine schöne Melodie unterstützt das Gedächtnis. Kaum erklingen die ersten paar Noten, erinnern sich viele TN schon von selbst an den Text. Lieder zu hören ist daher eine sehr hilfreiche Aktivität, z.B. als Hörübung mit dem Liedtext als Lückentext.[22] Die fehlenden Wörter können entweder vorgegeben werden oder nicht – je nach Niveau des Liedtextes und Sprachstand der Gruppe.

Reime

- Reime prägen sich leicht ein und bleiben lange im Gedächtnis haften. KL mit entsprechender Begabung können bestimmte Regeln und wichtige Vokabeln in Reimform bringen. Außerdem könnten die TN mit dem neuen Wortschatz selbst kleine Gedichte oder Reime produzieren.

Bilder

- Ein Bild wird eine Minute lang betrachtet und danach zugedeckt. Die KL stellt gezielte Fragen, um das Bild zu rekonstruieren. Die dafür benötigten Wörter müssen den TN selbstverständlich bekannt sein. Die Kursleiterin sollte in jedem Fall auf eventuell vorhandene Sehschwächen von TN achten und die Bilder so aussuchen, dass Einzelheiten von allen erkannt werden können.

Grammatik lernen

Mit Beginn des Fremdsprachenunterrichts betreten TN grammatikalisches Neuland. Mit steigender Niveaustufe erhöhen sich zudem die Anforderungen – das elementare Regelwerk erweitert sich mit jeder Lektion. Die KL sollte Fortschritte der TN stets sichtbar machen, da dies das Weiterlernen fördert. Als Motivationsanreiz könnte die KL komplexe Regeln, z.B. in Form einer Denksportaufgabe, einführen.

Um die Aufnahmefähigkeit von älteren Menschen optimal zu nutzen, sollte die Grammatik in der ersten Hälfte der Hauptphase geübt werden, da hier die TN noch aufnahmefähiger sind. Danach bleibt genügend Zeit, das Gelernte mit verschiedenen Aktivitäten zu festigen.

---

22 Eine genauere Erläuterung finden Sie in dem Handbuch „Leitfaden für Sprachkursleiter", erschienen im Hueber Verlag (2009). Ismaning. Zu finden unter: http://www.hueber.de

Den meisten Menschen – und besonders älteren – fällt es schwer, sich auf verschiedene Dinge gleichzeitig zu konzentrieren. Demzufolge sollte das Üben einer neuen grammatikalischen Form möglichst nur bekannte Vokabeln beinhalten.

Hier ein paar ausgewählte Übungen, die sich bei älteren Lernerinnen besonders bewährt haben:

Lückentext
- Mit Lückentexten lassen sich grammatikalische Formen leicht einüben (z.B. Konjugationen, Artikel, Verneinungen, Pronomen usw.). Beim Ausgeben eines solchen Übungsblattes ist es sinnvoll, den Text gleich in zweifacher Ausführung zu verteilen und mit Datum zu versehen. So können die TN dieselbe Übung ein paar Wochen später noch einmal wiederholen und Lernfortschritte feststellen.

Konjugation mit Spielwürfel
- Die KL verteilt Karten (oder ein anderes Medium), auf denen die eingeführten Verben in der Infinitivform stehen. Gespielt wird zu zweit. Je nach gewürfelter Zahl wird das Verb abwechselnd konjugiert (z.B. 1 = „ich", 2 = „du" usw.). Eine andere Möglichkeit wäre, auf einem Blatt Papier ein Spielfeld aufzuzeichnen und den TN eine Figur zu geben, die sie auf dem Spielfeld vorwärtsbewegen können.

Multiple-Choice-Aufgaben
- Die TN erhalten ein Arbeitsblatt mit unvollständigen Sätzen, zu denen es jeweils drei Lösungsmöglichkeiten gibt. Diese Übungsform bietet die Möglichkeit, sich verschiedene grammatikalische Strukturen in Erinnerung zu rufen. Bei der Korrektur im Plenum sollten die TN dann selbst die zugrunde liegende Grammatikregel formulieren. Die KL sollte nur eingreifen, wenn die Erklärung nicht stimmt.

Hinweise für Kursteilnehmerinnen: „Wie lerne ich Grammatik?"

- Grammatikregeln selber formulieren und mit Farben verdeutlichen.
- Zu den Regeln Beispiele im Buch suchen und laut vorlesen, dann eigene Beispiele aufschreiben. Auch hier gilt: Je persönlicher die Sätze, desto besser.
- Regeln der aktuellen Lektion an die Wand hängen und immer wieder lesen.
- Bei bestimmten Themen, z.B. Präpositionen, Bilder zu den Beispielen zeichnen oder ein Plakat gestalten und an die Wand hängen.
- Zeitformen zu bestimmten Tageszeiten zu Hause üben, z.B. morgens den Tagesplan durchgehen (Zukunftsformen) und am Abend erzählen, was geschehen ist (Vergangenheitsformen).

7. MEDIENEINSATZ

Der gezielte Einsatz geeigneter Medien ist ein wichtiger Bestandteil des Fremdsprachenunterrichts. Die Verwendung verschiedener Medien unterstützt das Lernen mit allen Sinnen. Das Sprachenlernen über visuelle, auditive und audiovisuelle Kanäle erhöht die Aufnahme- und Merkfähigkeit der TN. Negative Auswirkungen einzelner physiologischer Schwächen, wie schlechtes Hören oder Sehen, können teilweise kompensiert werden.

Um die positive Wirkung des Medieneinsatzes auch bei älteren Lernerinnen zu erreichen, sollte die KL einige Punkte berücksichtigen.

Tafel und/oder Flipchart

Die Tafel ist das meistgebrauchte visuelle Medium im Unterricht. Sie eignet sich besonders für:

- Die Darstellung von Strukturen, Wortschatz, Grammatikregeln, Stichwörtern und Symbolen, die das freie Sprechen unterstützen.
- Schriftliche Beispiele und Hinweise zu den Übungen, die den TN als Muster dienen können. Bei Übungen mit mehreren Schritten sollte die KL die Hinweise zu jedem Schritt an die Tafel schreiben.

Für den optimalen Einsatz ist Folgendes zu berücksichtigen:

→ Überprüfen Sie die Größe und Farbe der Buchstaben vor der ersten Kursstunde, indem Sie z.B. einen kurzen Willkommenstext schreiben und von dem am weitesten entfernten Tisch aus kontrollieren, ob dieser gut lesbar ist. Fragen Sie die TN schon in der ersten Kursstunde, ob sie den Text ohne Schwierigkeiten lesen können. TN mit Sehschwierigkeiten sollten sich näher an die Tafel setzen. Auf dunkleren Tafeln eignet sich gelbe Kreide, auf helleren Tafeln oder Flipcharts dunklere Farben.

→ Strukturieren Sie Ihr Tafelbild. Ist die Tafel groß genug, kann diese in drei Bereiche aufgeteilt werden: Teil 1 ist für die Inhalte, die während der Stunde thematisiert werden (z.B. grammatikalische Strukturen); Teil 2 wird für die jeweils laufende Übung benutzt; auf Teil 3 notieren Sie Antworten auf die im Unterrichtsverlauf gestellten Fragen. Für ältere Lernerinnen ist es besonders wichtig, dass sie die Informationen an der Tafel gut im Blick haben. Deswegen sollten diese Bereiche immer an derselben Stelle auf der Tafel lokalisiert werden. (→ siehe: *Anlage 2 – Beispiele einer gut strukturierten Wandtafel*) Ist ein Flipchart vorhanden, können Sie weitere Unterrichtsinhalte bereits vor dem Unterricht vorbereiten.

Andere visuelle Medien

Projektor/Beamer

Mit diesem Medium kann die KL vorbereitete Inhalte, Bilder etc. schnell sichtbar machen. Auch hier sollte sie mögliche Sehschwächen von TN berücksichtigen und die Größe der Buchstaben auf den Folien überprüfen. Eine gute Lesbarkeit erreicht man z.B. mit einer Schriftgröße ab 14p und einem größeren Abstand zwischen den Zeilen. Sofern vorhanden, eignet sich besonders ein Interaktives Whiteboard.[23] Der Einsatz von visuellen Medien kann unter Umständen jedoch Ermüdungserscheinungen bei den TN auslösen, deswegen empfiehlt sich ein zeitlich begrenzter Einsatz.

Plakate und Alltagsgegenstände

Plakate überzeugen dadurch, dass sie einfach und leicht überschaubar gestaltet werden können. Dank dem reichen Fundus an Bildern, den das Internet und Zeitschriften bieten, ist es einfach, Plakate mit großen Bildern zu erstellen.

Pinnwand

Die Pinnwand eignet sich für das Aufhängen von Plakaten sowie TN-Arbeiten. Sie erleichtert die Präsentation und ermöglicht, dass alle TN gleichzeitig alle Arbeiten betrachten können. Sind die Unterrichtsräume zu klein und/oder haben manche TN Mobilitätseinschränkungen, sollten die TN ihre Arbeiten allerdings eher im Plenum vorstellen.

Audiovisuelle Medien

Mit audiovisuellen analogen und digitalen Medien[24] kann die KL die individuellen Lernprozesse der TN fördern und ihren Unterricht an die verschiedenen Bedürfnisse der einzelnen TN anpassen. Die zukünftige Tendenz ist, dass immer mehr TN diese Medien nutzen werden.[25] Die KL sollte interessierte TN zur Nutzung solcher Medien motivieren und bei Bedarf Hinweise zur Handhabung geben.

Audiovisuelle Medien, z.B. Filme oder Videoausschnitte, bieten die Möglichkeit, unterschiedliche Lerntypen gleichzeitig anzusprechen. Das Gehirn merkt sich Wörter

---

23 Interaktive Whiteboards vereinen die herkömmlichen Möglichkeiten von Wandtafeln mit den vielfältigen Präsentations- und Arbeitsmöglichkeiten des Computer- und Beamereinsatzes. Der Gebrauch dieser elektronischen Tafel erlaubt es, traditionelle Lehr- und Präsentationsformen auf einfache Art und Weise multimedial zu gestalten und der Gruppe nicht nur zu präsentieren, sondern auch interaktiv verfügbar zu machen. Das Interaktive Whiteboard ist ein vielseitiges Instrument, welches möglicherweise anstelle eines normalen Whiteboards/einer Tafel, Beamers, Tageslichtprojektors, Video/DVD Rekorders oder des Fernsehens eingesetzt werden kann.

24 Aus technischer Sicht sind digitale Medien folgende Geräte: Personal Computer (PC), Laptop, Netbook, Multi-Touch-Bildschirm (z.B. Smartphone, iPod, iPad), digitales Fernsehen, Radio und E-Book, DVD und CD-ROM. Für den Unterrichtsraum gibt es die digitale Tafel, auch Interaktives Whiteboard genannt.

25 Laut Statistischem Bundesamt und weiteren Quellen haben immer mehr ältere Menschen einen Internetzugang (vgl. Statistisches Bundesamt Deutschland, Pressemitteilung Nr.060 vom 14.2.2011). Für die Gruppe 50+ sind es schon mehr als 50%, Tendenz steigend. Die Nutzung ist jedoch sehr unterschiedlich und nimmt mit zunehmendem Alter ab. Bei den 50 bis 59-jährigen liegt der Anteil bei 75%, bei den 60 bis 69-jährigen bei fast 60%, bei der Gruppe 70+ nur bei ca. 30%. Das heißt, die Zielgruppe der älteren Lernerinnen ist auch bezüglich ihrer Internetnutzung sehr heterogen.

besser, wenn sie in visuellen, auditiven und kontextbezogenen Situationen angewandt werden.

Bei älteren Lernerinnen erfordert der Einsatz dieser Medien große Konzentration. Die KL sollte daher nur kurze Filmausschnitte zeigen und mit leichten Übungen verknüpfen.

Auch bei diesen Materialien, z.B. Hörtexte, bedarf es einer guten Vorbereitung, d.h. Vorentlastung des Wortschatzes, des Themas und des Filminhalts, sonst kann es passieren, dass die TN nur wenig verstehen. Eine Überprüfung vor der Unterrichtsstunde ist wichtig: Das Material muss von jedem Platz aus gut zu sehen und zu hören sein. (→ siehe Abschnitt: *Ausstattung des Unterrichtraums*)

Auswahl audiovisueller Materialien
Die Materialien sollten dem Niveau und den Interessen der TN entsprechen und einen dem Lernniveau angepassten Inhalt haben.

Wenn die TN gerne mit solchen Medien lernen, z.B. Sprachkurse auf DVD, ausländische Fernsehprogramme oder Videos aus dem Internet, sollte die KL dies in ihrer Unterrichtsplanung berücksichtigen. Außerdem kann sie sich nach geeigneten Videos etc. für das Lernen erkundigen und ggf. eine Liste dazu erstellen und austeilen.

Digitale Medien erlauben den TN, die Übungen ihrem persönlichen Arbeitsrhythmus anzupassen. Der Vorteil ist, dass eine Übung wiederholt oder kurz unterbrochen werden kann. Sollte einer TN eine Antwort nicht gleich einfallen, kann sie auf andere Informationen zurückgreifen.

Möchte die KL regelmäßig an jede Lektion angepasste digitale Medien in ihren Unterrichtsplan aufnehmen, besteht die Möglichkeit, eine Lernplattform zu nutzen. Die meistbenutzte Lernplattform ist „Moodle", welche in einigen VHS gratis zu Verfügung steht. Auf Wunsch der KL kann für den Kurs ein virtueller Kursraum auf der Plattform eingerichtet werden.

_____ TIPP ____

Auf weiteres Lernmaterial hinweisen

Ermuntern Sie die TN, die kursbegleitenden Übungen im Lehrwerkservice der Verlage zu nutzen. Das Gelernte kann noch einmal im Kontext angesehen und gehört werden. Auch Podcasts und Videos aus dem Internet, z.B. Lieder oder Gedichte, eignen sich sehr gut. Um ein besseres Verständnis für diese Materialien zu erzeugen, können Sie diese, mit Hinweis auf die Quelle, zuerst im Unterricht zeigen. Stellen Sie sicher, dass die TN bei internetbasierten Materialien über einen Computer mit Internetzugang verfügen.

8. AUSSTATTUNG DES UNTERRICHTSRAUMS

Der ideale Unterrichtsraum

Platzangebot
Die Räumlichkeiten sollten so beschaffen sein, dass sich auch TN mit Gehhilfen im (und zum) Kursraum bewegen können (Fahrstuhl, breite Durchgänge etc.). Tische und Stühle müssen ausreichend breit und hoch sein, sodass die TN genug Platz für sich (Arme abstützen, Beine ausstrecken etc.) und mitgebrachte Materialien haben (Unterrichtsmaterialien, Taschen, Gehhilfen oder Rollstuhl). Ideal wären komfortable Stühle mit Polsterung.

Akustik
Die Kursräume sollten sich für akustische Übungen eignen (am besten ohne Echoeffekte). Der CD-/DVD-Player sollte mobil einsetzbar sein. Sind diese Voraussetzungen nicht gegeben, so sollte die KL entweder weniger Hörtexte einplanen oder TN mit Hörschwächen entsprechend umsetzen.

Licht
Der Kursraum sollte hell sein (möglichst natürliche Lichtquellen). Für das Zeigen von Filmen muss eine Verdunklungsmöglichkeit bestehen. Eine Tafelbeleuchtung sollte zur Grundausstattung gehören.

Sauerstoff und Wärme
Der Raum sollte vor Beginn des Unterrichts und auch zwischendurch gut gelüftet werden und in der kalten Jahreszeit beheizbar sein. Gleichzeitig sollte der Kursraum aber nicht zu warm sein.

Praktische Unterrichtsmaterialien

Mitzubringende Materialien
Als Standardwerkzeug sollte stets ein gutes Wörterbuch zur Verfügung stehen sowie weitere Materialien zum Nachschlagen. Für das zeitliche Begrenzen der Aktivitäten empfiehlt sich eine Stoppuhr/Eieruhr. Auch ein Stück Kreide und/oder einen schwarzen Filzstift sollte die KL stets dabei haben, falls vor Ort keine Zeichenmaterialien vorhanden sind oder sich die Farben nicht für die Zielgruppe eignen.

Vorhandene Materialien
Es empfiehlt sich, zehn Minuten vor Kursbeginn vor Ort zu sein, um vorhandene Medien zu kontrollieren, z.B. CD-Player, Beamer/Laptop etc. Da die Räumlichkeiten auch von anderen Kursen genutzt werden, müssen eventuell auch Tische und Stühle wieder in die richtige Position gebracht werden.

9. ANLAGEN

Anlage 1 – Beispiele für kommunikative Aufgabenstellungen

1. Informationen zur Person
   - „Wer bin ich" – ein Rätselspiel mit Karteikarten:
     Es werden Gruppen mit drei bis vier TN gebildet. Jede TN erhält eine Karte und soll fünf Informationen zu ihrer Person aufschreiben, z.B. je eine Information zu Aussehen, Hobby, Lieblingstier, Geburtsort oder Kleidungsstück, das sie an diesem Tag trägt. Die Gruppe sammelt die Karten ein und tauscht sie mit einer anderen Gruppe. Jetzt soll jede Gruppe erraten, welche Person auf der Karte beschrieben ist. Am Schluss schreibt jede Gruppe den Namen der beschriebenen Person auf die Karte. Die Karten werden im Anschluss an die Pinnwand geheftet.

2. Wohnen und Umwelt
   - Erstellen einer Informationsbroschüre über die Natur/Region: Dazu können Materialien aus dem Tourismusbüro, dem Internet oder Fotos von TN verwendet werden.
   - „Mein Lieblingszimmer": TN sollen Zimmer beschreiben und eventuell eine Skizze dazu anfertigen.
   - Eine Anzeige für eine Ferienwohnung erstellen: Auch hier kann Material aus dem Tourismusbüro oder aus dem Internet verwendet werden. Auch ein Rollenspiel zwischen Mieter und Vermieter bietet sich an.

3. Tägliches Leben
   - Eine Umfrage im Kurs durchführen: Jede TN interviewt eine andere TN, z.B. über deren Freizeitaktivitäten. Sie notiert die Antworten, um sie später im Plenum vorzutragen. Im Anschluss wird eine „Statistik" über alle TN des Kurses erstellt.

4. Freizeit, Unterhaltung
   - Gestaltung eines Wochenendprogramms: Anhand von Materialien aus lokalen Zeitungen und/oder Informationsbroschüren von Kulturveranstaltern (Theater, Kino, Museen) können die TN ein Poster mit Angeboten für Freizeitaktivitäten in der Region gestalten.

5. Reisen
   - Ein Reiseprogramm schreiben: Die TN sollen sich Orte und Aktivitäten überlegen sowie einen Zeitplan erstellen. Hilfreich ist auch eine Liste aller Dinge, die für eine bestimmte Reise gebraucht werden.

6. Gesundheit
   - Einen Ratgeber für ein gesundes Leben verfassen: Als Material eignen sich Informationen und Fotos aus Illustrierten oder Fachzeitschriften.
   - Ein Programm für eine Wellnesswoche in den Alpen gestalten (siehe Punkt 5).
   - Eine Wander- oder Fahrradtour beschreiben: TN können überlegen, wo die Tour verläuft und ggf. Fotos, Karten oder Skizzen hinzufügen.

7. Bildung
   - Ein Rätselspiel mit den Sehenswürdigkeiten der Stadt gestalten. (Für den Spielverlauf siehe Punkt 1, aber es sind auch andere Varianten möglich.)
   - Ein Kursprogramm für die Senioren VHS schreiben: TN überlegen sich Aktivitäten oder Themen für mögliche Kurse, inklusive Zeitplan.

8. Einkaufen
   - Einen Einkaufsführer gestalten: TN beschreiben Geschäfte aus der Umgebung und deren Verkaufsprodukte.
   - Eine Broschüre über die beliebtesten Cafés, Restaurants oder Biergärten gestalten.
   - „Ein Geschäft eröffnen": TN erstellen ein Werbeplakat für ihr „eigenes" Geschäft, inklusive Bilder für die Waren. Auch Rollenspiele zwischen Käufer und Verkäufer sind möglich.

9. Essen und Trinken
   - Lebensmitteleinkauf für ein Fest planen: TN überlegen sich geeignete Gerichte und Getränke, inklusive Mengen, und schreiben eventuell eine Einkaufsliste.
   - Ein Rezeptbuch verfassen: Jeder TN trägt ein Rezept mit Zutaten bei und illustriert es ggf. mit Fotos.
   - Einen Zeitungsartikel schreiben, z.B. eine Restaurantkritik.

10. Orte
   - Ein Quiz über bekannte Orte der Region schreiben. (Für den Spielverlauf siehe Punkt 1, aber es sind auch andere Varianten möglich.)
   - Einen Stadtführer mit den schönsten Sehenswürdigkeiten der Stadt erstellen (siehe Punkt 2. „Informationsbroschüre"). Auch Rollenspiele beim Tourismusamt sind möglich.

11. Wetter, Jahreszeiten
   - Ein Plakat über eine Jahreszeit gestalten: TN sammeln Material (Informationen, Bilder etc.), das zu dieser Jahreszeit passt.
   - Einen Artikel über typische Freizeitaktivitäten während einer Jahreszeit verfassen.

Alle Übungstypen sind natürlich variabel, d.h., „Beschreiben meines Lieblingszimmers" muss nicht nur ein Zimmer sein. Das Gleiche gilt für „Planen eines Fests" etc.

Anlage 2 – Beispiele für eine gut strukturierte Wandtafel

Beispiel 1

Fragepronomen	Wir stellen Fragen	
Wie? Wann? Wo? Was? Wer? Wie viel?	Wie heißt du? Wann kommst du? Wo wohnst du? …	ich wohne in München
(Schwerpunkte für die ganze Stunde)	*(laufende Übung)*	*(Erklärung des Verbs „wohnen")*

Beispiel 2

Feedback	Ziel der Stunde: Questions about your holiday				Neuer Wort-schatz in „Chunks"
	Strukturen für die ganze Stunde				
(Beispiele von guten Sätzen bzw. Sätzen, die im Plenum korrigiert werden müssen)	Where What When Why	Did did did did did	you you she he they	enjoy go? buy arrive visit	your holiday? there? at the hotel? Japan?	stay at a hotel buy souvenirs
	How How	was was	your holiday? the weather?			
	(laufende Übung)				

61

Anlage 3 – Beispiel einer Kreuzworträtsel-Übung zur Wortschatzauffrischung

Diese Übung wird als Partnerarbeit durchgeführt. Partner 1 bekommt das Kreuzworträtsel A und Partner 2 das Kreuzworträtsel B. Die TN müssen dem Partner das Wort beschreiben, ohne das Wort selbst zu erwähnen. Errät der Partner das Wort, darf er es in sein Rätsel eintragen. Danach ist er an der Reihe, ein Wort von seinem Blatt zu beschreiben. Am Ende haben beide TN alle Wörter zusammengetragen.

Ein Beispiel für eine mögliche Beschreibung wäre: *„Word number 8: You wear it in winter when you go out. You must wear it when the weather is cold."*

Die Antwort lautet: *„coat"*.

Der in diesem Beispiel verwendete Wortschatz eignet sich für TN auf dem Niveau A1. Die Übungsform selbst kann jedoch (mit anderen Wörtern) für alle Niveaus eingesetzt werden.

Rätsel A

		1									
2 s	k	i	r	3 t				4			
						5 s	o	c	k	s	
		6 t	o	p							
	7			8			9				
		10 s	h	o	e	s					
				11 t	s	h	i	r	t	
12 d	r	e	s	s							

Rätsel B

		¹t								
²s		i		³t				⁴b		
h		e		r		⁵		o		
i			⁶	o				o		
r		⁷j		u		⁸c		t		⁹s
t		u		¹⁰s		o		s		c
		m		e		a				a
		p		r		¹¹t				r
¹²		e		s						f
		r								

63